营运车辆燃料消耗量限值的研究与应用

刘 莉 阳冬波 主编

人民交通出版社

内容提要

本书基于西部交通建设科研项目的研究成果编写而成,系统介绍了我国营运车辆燃料消耗量测量方法和限值的制定过程,详细阐述了我国营运车辆燃料消耗量限值管理相关政策和具体的操作过程,是对我国营运车辆燃料消耗量限值管理研究工作的总结。

本书可供汽车生产企业、道路运输企业和道路运输管理部门相关人员阅读和参考。

图书在版编目(CIP)数据

营运车辆燃料消耗量限值的研究与应用 / 刘莉,阳冬波主编. --北京:人民交通出版社,2012.11
  ISBN 978-7-114-09847-5

Ⅰ.①营… Ⅱ.①刘… ②阳… Ⅲ.①车辆-燃料消耗量-剂量限值-研究 Ⅳ.①U461.8

中国版本图书馆 CIP 数据核字(2012)第 122348 号

Yingyun Cheliang Ranliao Xiaohaoliang Xianzhi de Yanjiu yu Yingyong

书　名:	营运车辆燃料消耗量限值的研究与应用
著　作　者:	刘　莉　阳冬波
责任编辑:	张　强
出版发行:	人民交通出版社
地　　址:	(100011)北京市朝阳区安定门外外馆斜街3号
网　　址:	http://www.ccpress.com.cn
销售电话:	(010)59757969,59757973
总　经　销:	人民交通出版社发行部
经　　销:	各地新华书店
印　　刷:	北京市密东印刷有限公司
开　　本:	787×960　1/16
印　　张:	13.25
字　　数:	230 千
版　　次:	2012 年 11 月　第 1 版
印　　次:	2012 年 11 月　第 1 次印刷
书　　号:	ISBN 978-7-114-09847-5
定　　价:	32.00 元

(有印刷、装订质量问题的图书由本社负责调换)

前言 QIANYAN

节能减排、发展低碳经济已成为世界经济发展的大势所趋，各个国家均为保卫人类赖以生存的地球而努力着，同时能源危机的降临也迫使许多发达国家不得不正视能源安全问题。道路运输以优质的石油资源为主要能源消费品，已成为全球能源消费增速较快的领域。许多工业发达国家都是石油主要进口国，且进口的石油大部分消耗在汽车上。国外的经验证明，制定并实施汽车燃料消耗量限值标准法规和排放控制法规，是提高能源利用效率、减少温室气体排放、限制高能耗车辆使用、缓解交通领域石油供需矛盾、保障能源战略安全最有效的工具之一。

目前世界上最具代表性的汽车燃料消耗量限值标准有两个：一是美国的公司平均燃油经济性（CAFE, Corporate Average Fuel Economy）标准，即每个汽车制造企业每年销售的各类型轿车或轻型货车，以其所占总销售量的百分比作为加权系数，乘以该型车辆的燃料消耗量，再将企业生产的各类车型的加权油耗全部加起来，得到企业的公司平均燃料消耗量值，该值应满足 CAFE 标准规定的相应限值的要求；二是日本的基于车辆总质量的领跑者（Top Runner）燃油经济性标准，其与美国 CAFE 标准的主要区别在于：先将汽车按总质量分成不同级别，再制定各级别内的汽车公司平均燃油经济性限值。尽管各国的汽车燃料消耗量限值标准不尽相同，但通过汽车认证制度、生产一致性检查以及财税政策有效推动限值标准的实施，已成为发达国家推进汽车工业节能减排的通行做法，并取得了可观的节油效果。

我国汽车燃料消耗量限值标准法规起步较晚,汽车的燃料消耗量水平与欧美等发达国家差距明显。国家标准化管理委员会于2004年9月发布了国家标准GB 19578—2004《乘用车燃料消耗量限值》,规定了总质量不超过3500kg的M_1类汽车的燃料消耗量限值;2007年7月19日又发布了GB 20997—2007《轻型商用车辆燃料消耗量限值》,规定了总质量小于等于3500kg的N_1类和M_2类汽车的燃料消耗量限值。与美国的CAFE标准不同,GB 19578—2004和GB 20997—2007标准都采用了按质量分组的单车燃料消耗量评价体系,按照车辆整车整备质量将车辆分为数个不同的质量段,并对每个质量段内的车辆设定统一的单车最高燃料消耗量限值。

我国交通运输是国民经济和社会发展的基础性、先导性和服务性行业,同时也是一个资源占用型和能源消费型行业,不仅每年消耗大量的汽油、柴油等优质石油资源,而且交通运输的能源消费总量增速远超过国内生产总值的增速。在各种交通运输方式中,道路运输能源消费占比可达53.8%。2000年,道路运输汽、柴油消耗量占全国石油消耗量的近17%,以后几年比重逐年增加,到2010年时已经达到了30%。从事营业性道路运输的绝大部分是总质量大于3500kg的商用车,由于没有相关车型的燃料消耗量限值标准对营运车辆的源头加以控制,许多高能耗的商用车辆毫无顾忌地进入道路运输市场,即使车辆使用者采取了大量节能降耗措施也很难有效降低道路运输的能源消耗。

2006年12月交通运输部启动了"资源节约型、环境友好型交通发展模式研究"项目。该项目正值《中华人民共和国节约能源法》(以下简称《节约能源法》)紧锣密鼓修订之时。在新的《节约能源法》征求意见稿中已将交通运输节能单列为一个章节,突现了交通运输节能的重要地位。为此,在该项目包含的六个专项行动计划中,将营业性车辆能耗准入与退出专项行动计划作为专项行动计划之一,由交通运输部政策法规司牵头,交通运输部公路科学研究院承担。该专项行动计划的主要内容是:研究制定营运客车、营运货车的燃料消耗量限值及测量方法的强制性交通行业标准。2007年10月28日第十届全国人民代表大会常务委员会第三十次会议修订的《节约能源法》第四十六条明确规定:国务院有关部门负责制定交通运输营运车船的燃料消耗量限值标准,不符合标准的，不得用于营运。为此，这两项标准也列入了2007年交通标准化计划(交科教发[2007]397号"关于下达2007年交通标准化计划的通知")，同时项目列入西部交通建设科研项目计划[任务书(合同)编号:2008 318 223 76]。

项目组通过研究借鉴国内外汽车燃料消耗量法规标准，在大量调查和试验验证的基础上，摸清了我国商用车燃料消耗量现状及节能潜力，结合我国国情，提出了基于营运车辆行驶工况的等速油耗加权平均的限值指标计算方法、基于营运车辆燃料消耗量特征的车型分类方法以及各类营运车辆第一阶段和第二阶段限值等，制定了JT 711—2008《营运客车燃料消耗量限值及测量方法》和JT 719—2008《营运货车燃料消耗量限值及测量方法》。

交通运输部依据《节约能源法》和《道路运输管理条例》，结合交通运输部第6号令《道路货物运输及站场管理规定》、第9号令《道路危险货物运输管理规定》和第10号令《道路旅客运输及客运站管理规定》，发布实施了2009年第11号交通运输部令《道路运输车辆燃料消耗量检测和监督管理办法》，建立了基于JT 711—2008《营运客车燃料消耗量限值及测量方法》和JT 719—2008《营运货车燃料消耗量限值及测量方法》标准的营运车辆燃料消耗量准入机制，同时开通了道路运输车辆燃油消耗量检测及监督管理信息服务网(http://atestsc.mot.gov.cn)，有效贯彻实施了《节约能源法》的要求，为营运车辆的节能减排把好了源头关。

本书基于西部交通建设科研项目《营运车辆燃料消耗量限值的研究与应用》的研究成果编写而成，是对我国营运车辆燃油消耗量限值管理研究工作的总结。本书由交通运输部公路科学研究院刘莉和阳冬波执笔，交通运输部公路科学研究院蔡凤田研究员、张红卫教授级高工等对本书的撰写提供了其研究成果和相关资料，项目参与单位——江苏省交通运输厅运输管理局、山西省交通运输管理局、山东省交通运输厅道路运输局、吉林省运输管理局、四川省交通厅道路运输管理局、云南省道路运输管理局、山西汽运集团、苏州汽车客运集团有限公司、厦门特运集团有限公司、北京祥龙物流有限公司、云南昆明交通运输集团有限公司、江苏金陵交运集团有限公司、中国第一汽车集团公司、厦门金龙旅行车有限公司、金龙联合汽车工业(苏州)有限公司、安徽安凯汽车股份有限公司、南京依维柯汽车有限公司、丹东黄海汽车有限责任公司、郑州宇通客车股份有限公司、西安西沃客车有限公司、金华青年汽车制造有限公司、北汽福田汽车股份有限公司、中国重型汽车集团有限公司、包头北方奔驰重型汽车有限责任公司、陕西汽车集团有限责任公司、安徽江淮汽车股份有限公司、中国公路车辆机械有限公司、吉林大学交通学院、长安大学、北京航空航天大学、北京理工大学、南通市汽车综合性能检测中心等,为本书的撰写提供了素材和资料。

借本书出版之机,谨向支持、帮助和关心我们工作的同志致以衷心感谢。

《营运车辆燃料消耗量限值的研究及应用》涉及多个专业,本书中不当之处,敬请读者指正。

编 者

2012 年 8 月

目 录 MULU

第一章 国外汽车油耗控制法规与标准 ………………………………… 1

第一节 美国 ……………………………………………………………… 2
一、汽车燃料消耗量管理法规体系 …………………………………… 2
二、CAFE 限值及发展 ………………………………………………… 4
三、汽车燃料消耗量管理制度 ………………………………………… 5

第二节 日本 ……………………………………………………………… 8
一、汽车燃料消耗量管理法规体系 …………………………………… 8
二、汽车燃料消耗量限值的发展 ……………………………………… 9
三、汽车燃料消耗量管理制度 ………………………………………… 15

第三节 欧盟 ……………………………………………………………… 17
一、汽车燃料消耗量管理法规体系 …………………………………… 17
二、汽车燃料消耗量限值的发展 ……………………………………… 18

第四节 其他国家 ………………………………………………………… 19
一、加拿大 ……………………………………………………………… 19
二、韩国 ………………………………………………………………… 20
三、澳大利亚 …………………………………………………………… 21

第二章 我国汽车油耗标准现状 ………………………………………… 22

第一节 我国汽车油耗标准沿革 ………………………………………… 22
第二节 乘用车燃料消耗量限值标准 …………………………………… 23
第三节 轻型商用车燃料消耗量限值标准 ……………………………… 24

第三章 汽车燃料消耗量测试方法分析 ·············· 27

第一节 基本测量方法 ························ 27
一、实车道路法 ························· 27
二、底盘测功机法 ······················· 28
三、模拟计算法 ························· 30

第二节 测量方法的应用现状 ···················· 32
一、美国 ····························· 32
二、日本 ····························· 33
三、欧盟 ····························· 36
四、中国 ····························· 37

第四章 营运车辆燃料消耗量现状 ················ 40

第一节 我国道路运输单耗现状 ··················· 40
一、我国道路运输业概况 ··················· 40
二、营运车辆单耗 ······················· 43

第二节 营运车辆新车燃料消耗量 ·················· 44
一、客车 ····························· 44
二、货车 ····························· 48

第五章 营运车辆节能潜力分析 ················· 54

第一节 车辆技术 ·························· 54
第二节 车辆运用水平 ························ 55
第三节 车辆的使用环境 ······················ 57

第六章 营运车辆燃料消耗量测试方法 ·············· 61

第一节 营运车辆运行特征分析 ··················· 61
第二节 营运车辆燃料消耗量测量方法 ················ 64
一、等速油耗道路试验方法的确定 ··············· 64
二、等速油耗试验方法的完善 ················· 64

三、试验方法的重复性和再现性验证 ································ 68
　　四、综合燃料消耗量的计算 ·· 71

第七章　营运车辆燃料消耗量限值 ···································· 73

第一节　营运车辆的分类 ·· 73
　　一、我国现行车辆的分类标准 ······································ 73
　　二、基于燃料消耗量的车辆分类方法 ································ 76
　　三、营运客车的细化分类 ·· 79
　　四、营运货车的细化分类 ·· 82

第二节　营运车辆燃料消耗量限值的确定方法 ·························· 84
　　一、等速油耗曲线的拟合 ·· 85
　　二、油耗数据正态分布检验 ·· 88
　　三、综合燃料消耗量的计算方法比较 ································ 90

第三节　营运车辆燃料消耗量限值 ···································· 92
　　一、装备柴油发动机的营运车辆 ···································· 92
　　二、装备汽油发动机的营运车辆 ···································· 95

第八章　营运车辆燃料消耗量的管理 ···································· 96

第一节　我国营运车辆燃料消耗量管理的背景 ·························· 96
　　一、我国营运车辆管理现状 ·· 96
　　二、我国营运车辆燃料消耗量管理的依据 ···························· 101
　　三、我国营运车辆燃料消耗量管理的对象 ···························· 102
　　四、我国营运车辆燃料消耗量管理的基本原则 ························ 102
　　五、我国营运车辆燃料消耗量管理时间安排 ·························· 103

第二节　我国营运车辆燃料消耗量管理机构 ···························· 103
　　一、交通运输部职责 ·· 103
　　二、省级道路运输管理部门职责 ···································· 104
　　三、地、市(县)级道路运输管理部门职责 ···························· 105
　　四、被委托核查工作的汽车综合性能检测站职责 ······················ 105

第三节　营运车辆燃料消耗量达标车型的管理 ·························· 106

一、营运车辆燃料消耗量达标车型核查工作流程 …………… 106
　　二、营运车辆燃料消耗量达标车型的申请 ………………… 107
　　三、达标车型变更、扩展的申请 …………………………… 109
　　四、视同车型的申请 ………………………………………… 109
　　五、达标车型的汇总上报与撤销 …………………………… 110
　第四节　营运车辆燃料消耗量检测机构的管理 ……………… 110
　第五节　营运车辆燃料消耗量的监督管理 …………………… 111

第九章　营运车辆燃油消耗量检测及监管平台简介 …………… 113
　第一节　企业申报系统 ………………………………………… 114
　第二节　检测报告报送系统 …………………………………… 118
　第三节　达标车型审批及监督系统 …………………………… 119
　第四节　信息服务子系统 ……………………………………… 126
　第五节　系统管理 ……………………………………………… 128

附录A　JT 711—2008 营运客车燃料消耗量限值及测量方法 …… 129
　前言 ……………………………………………………………… 130
　1　范围 …………………………………………………………… 131
　2　规范性引用文件 …………………………………………… 131
　3　术语和定义 ………………………………………………… 131
　4　测量方法 …………………………………………………… 132
　5　燃料消耗量限值 …………………………………………… 133
　附录a（规范性附录）　车辆核查项目 ……………………… 134

附录B　JT 719—2008 营运货车燃料消耗量限值及测量方法 …… 135
　前言 ……………………………………………………………… 136
　1　范围 …………………………………………………………… 137
　2　规范性引用文件 …………………………………………… 137
　3　术语和定义 ………………………………………………… 137
　4　测量方法 …………………………………………………… 138
　5　燃料消耗量限值 …………………………………………… 139

附录 a（规范性附录）　车辆核查项目 …………………… 141
附录 C　《道路运输车辆燃料消耗量检测和监督管理办法》
　　　　 交通运输部令 2009 年第 11 号 ………………………… 142
　　第一章　总则 ……………………………………………………… 142
　　第二章　检测管理 ………………………………………………… 143
　　第三章　车型管理 ………………………………………………… 144
　　第四章　监督管理 ………………………………………………… 146
　　第五章　附则 ……………………………………………………… 146
附录 D　道路运输车辆燃料消耗量达标车型车辆参数及配置
　　　　 核查工作规范 …………………………………………… 151
附录 E　道路运输车辆燃料消耗量达标车型申请及技术审查
　　　　 实施细则 ………………………………………………… 155
　　一、总则 …………………………………………………………… 155
　　二、燃料消耗量达标车型的申请 ………………………………… 155
　　三、燃料消耗量达标车型的技术审查 …………………………… 156
　　四、达标车型的汇总、上报与撤销 ……………………………… 157
附录 F　道路运输车辆燃料消耗量检测机构管理办法 …………… 168
附录 G　道路运输车辆燃料消耗量道路试验检测实施细则 ……… 173
附录 H　道路运输车辆燃料消耗量达标车型变更和视同判定方法 … 192
参考文献 ……………………………………………………………… 197

第一章 国外汽车油耗控制法规与标准

当前,随着机动车保有量的持续增长,道路运输的能源消耗量呈现迅猛增长态势,已成为全球交通运输能源消耗增速较快的领域。道路运输以优质的石油资源为主要能源消耗品,能源危机迫使世界各国不得不正视能源安全问题,并有针对性地采取一系列措施来促进汽车燃油经济性的提高、减少温室气体的排放、限制高油耗车辆的使用。

国际上控制汽车油耗及排放的主要措施见表1-1。

控制汽车油耗及排放的主要措施　　　　　　　　　表1-1

控制方案	体现形式	国家/地区
汽车油耗控制标准法规	提出油耗限值,指标如百公里油耗(L/100km),每加仑燃油行驶英里数(mpg),每升燃油行驶公里数(km/L)	美国、日本、加拿大、澳大利亚、中国、韩国
温室气体排放标准	提出排放控制指标,如每英里排放温室气体量(g/mile)或每公里排放温室气体量(g/km)	欧盟、美国加州
高额燃油税	征收高于原油基价50%的燃油税	欧盟、日本
财政补贴	基于发动机尺寸、效率及二氧化碳排放等指标,提出税务减免方案	欧盟、日本
研发新技术	为特殊技术及替代燃料技术提供政府补贴	美国、日本、欧盟
经济处罚	对高油耗车辆征收油老虎税	美国
交通控制措施	允许混合动力车辆使用HOV通道①	美国加州和弗吉尼亚州等
	禁止使用SUV	法国巴黎
特殊要求	要求销售零排放车辆	美国加州

注:①HOV是英文High Occupancy Vehicle的简称,意为高承载率或者高占有率汽车,最早兴起于北美。在HOV车道上行驶的车辆,除驾驶员外,必须载有至少1名乘客,否则不允许驶入HOV车道。违规驾驶车辆驶入HOV车道的驾驶员将会受到重罚。

可以看出,各发达国家和地区通过制定汽车油耗及温室气体限值法规标准、财税奖惩、交通控制等综合措施,有效推动了汽车节油技术的研发和应用,限制了机动车的需求及出行量的增加,取得了良好的节能效果。事实证明,制定汽车油耗标准是控制交通领域石油需求和温室气体排放最有效的工具之一。

美国为了应对1973年以来的两次石油危机分别于1975年和1978年出台了《节约能源法》(Energy Policy Conservation Act)和《国家能源政策法》(Energy Policy Act),并制定了1978—1985年控制汽车油耗的标准,成为世界上第一部强制执行的汽车油耗法规。20世纪80年代以来,世界各国开始关注温室效应引起的全球气候变暖问题。1992年世界环境与发展大会要求各工业发达国家在2000年排放的CO_2总量维持在1990年的水平,京都协议书则要求工业发达国家在1990年基础上再进一步降低。在此基础上,欧盟、日本等也都制定了更加严格的汽车温室气体排放标准或油耗标准。表1-2列出了国外主要国家和地区的汽车油耗和温室气体排放标准的情况。

国外汽车油耗和温室气体排放标准　　　　表1-2

国家/地区	类型	单位	对象	测量方法(工况)	执行要求
美国	燃油	mpg	轿车和轻型货车	美国CAFE[①]	强制
日本	燃油	km/L	按质量区分	日本10-15[②]	强制
韩国	燃油	km/L	发动机大小	美国CAFE	强制
加拿大	燃油	L/100km	轿车和轻型货车	美国CAFE	自愿
澳大利亚	燃油	L/100km	所有轻型车队	欧盟NEDC[③]	自愿
欧盟	CO_2	g/km	所有轻型车队	欧盟NEDC	自愿

注:①Corporate Average Fuel Economy,汽车燃料经济性指标。

②10-15工况法。

③新欧盟行驶循环。

从表1-2中可以看出,由于各种不同历史的、文化的和政治的原因,不同国家和地区建立了不同的汽车油耗和温室气体排放标准。纵观以上国家的标准和法规,主要可以分为美国、日本和欧盟三大体系。其他国家和地区都是在一定程度上借鉴了以上三大法规体系中的内容。下面从法规体系、燃料消耗量限值以及燃料消耗量管理制度三个方面对三大法规体系下的情况进行详细的介绍。

第一节　美　　国

一、汽车燃料消耗量管理法规体系

汽车技术法规体系主要包括两部分内容:一是相关法律、法规及行政公告等;二是依据相关法律制定的强制性标准、技术要求等。

美国汽车燃料消耗量管理的主要法律依据是《机动车情报和成本节约法》(Motor Vehicle Information and Cost Savings Act)。根据《机动车情报和成本节约法》的授权,美国运输部(DOT,U. S. Department of Transportation)国家公路交通安全管理局(NHTSA,National Highway Traffic Safety Administration)制定了联邦法规《乘用车燃油经济性标准》(49 CFR 531)和《轻型货车燃油经济性标准》(49 CFR 533),要求汽车制造厂商在规定年内销售汽车的平均燃料消耗量必须满足公司汽车燃料经济性指标(CAFÉ, Corporate Average Fuel Economy)。美国环境保护署(EPA,Enviromental Protection Agency)制定了《机动车燃料经济性法规》(40 CFR 600),详细规定了1977年以后生产车型的燃料消耗量试验规程、燃料消耗量标识值的计算方法、燃料消耗量标识式样、燃料消耗量相关信息的获取方式,以及汽车生产企业的平均燃料经济性的确定方法等内容。

美国汽车燃料消耗量相关的法规及其主要内容见表1-3。

美国汽车燃料消耗量相关法规　　　　表1-3

法 规 号	法 规 名 称
CFR 第49篇第523部分	车辆分类
CFR 第49篇第525部分	豁免满足平均燃油经济性标准
CFR 第49篇第531部分	乘用车燃油经济性标准
CFR 第49篇第533部分	轻型货车燃油经济性标准
CFR 第49篇第536部分	燃料经济性分值的转让和交易
CFR 第49篇第537部分	汽车燃油经济性的报告
CFR 第49篇第538部分	替代燃料车辆的生产鼓励措施
CFR 第40篇第600部分 A 分部	1977年及以后年型汽车的燃料经济性法规——一般规定
CFR 第40篇第600部分 B 分部	1978年及以后年型汽车的燃料经济性法规——试验规程
CFR 第40篇第600部分 C 分部	1977年及以后年型汽车的燃料经济性法规——计算燃料经济性值的规程
CFR 第40篇第600部分 D 分部	1977年及以后年型汽车的燃料经济性法规——标识
CFR 第40篇第600部分 E 分部	1977年及以后年型汽车的燃料经济性法规——销售商对燃料经济性信息的获取
CFR 第40篇第600部分 F 分部	1978年年型的乘用车、1979年年型或以后年型的汽车(轻型货车和乘用车)的燃料经济性法规——确定制造商平均燃料经济性的规程

二、CAFE 限值及发展

美国的汽车油耗评价指标是每加仑燃油可以行驶的英里数(单位为"英里/加仑(mile/US gal)",1mile = 1.609km,1US gal = 3.7853L,1mpg = 0.425km/L)。CAFE 法规以汽车生产企业为控制对象,以 CAFE 值为考核指标。所谓"公司平均燃料经济性(CAFE)",是指每个制造厂每年销售的各型轿车或轻型货车,以其所占总销售量的百分比作为加权系数,乘以该型车辆的单车燃料消耗量,得到的加权平均值作为该公司的平均燃料消耗量。

为了提高汽车的燃油效率,美国国会于 1975 年通过了《能源节约法》(Energy Policy Conservation Act),要求制定乘用车和轻型货车的公司平均燃油经济性标准。乘用车被定义为在道路上行驶的能够搭载 10 个或者 10 个以下乘员的四轮车辆;而轻型货车则包括被设计成不在道路上行驶的四轮车辆以及质量为 2721 ~ 3855kg(6000 ~ 8500b)且具有货车特性的车辆。

表 1-4 中列出了历年来美国乘用车和轻型货车 CAFE 的限值。

历年来美国乘用车和轻型货车 CAFE 限值　　　表 1-4

乘用车			轻型货车					
车型年	限值		车型年	限值		车型年	限值	
	mpg	L/100km[①]		mpg	L/100km		mpg	L/100km
1978	18.0	13.1	1982	17.5	13.4	2006	21.6	10.9
1979	19.0	12.4	1983	19.0	12.4	2007	22.2	10.6
1980	20.0	11.8	1984	20.0	11.8	2008	22.5	10.5
1981	22.0	10.7	1985	19.5	12.1	2009	23.1	10.2
1982	24.0	9.8	1986	20.0	11.8	2010	23.5	10.0
1983	26.0	9.0	1987—1989	20.5	11.5			
1984	27.0	8.7	1990	20.0	11.8			
1985	27.5	8.6	1991—1992	20.2	11.6			
1986	26.0	9.0	1993	20.4	11.5			
1987	26.0	9.0	1994	20.5	11.5			
1988	26.0	9.0	1995	20.6	11.4			
1989	26.5	8.9	1996—2004	20.7	11.4			
1990—2010	27.5	8.6	2005	21.0	11.2			

注:①通过 mpg 数据折算得到。

美国国会 2007 年通过的《能源独立和安全法案》(EISA,Energy Independent and Security Act)又称《新能源法案》。根据该法案,到 2020 年,美国汽车工业必须使汽车油耗比目前降低40%,使汽车达到平均每加仑燃油行驶30~35mile的水平。2008年出台了该法案的具体实施方案,规定了2011—2015年的短期目标(表1-5)。

美国2011—2015年CAFE短期目标　　　　　表1-5

车型年	乘用车		轻型货车		CAFE限值	
	mpg	L/100km	mpg	L/100km	mpg	L/100km
2011	31.2	7.5	25	9.4	27.8	8.5
2012	32.8	7.2	26.4	8.9	29.2	8.1
2013	34	6.9	27.8	8.5	30.5	7.7
2014	34.8	6.8	28.2	8.3	31.0	7.6
2015	35.7	6.6	28.6	8.2	31.8	7.4

三、汽车燃料消耗量管理制度

1. 自我认证制度

美国采用自我认证制度实施汽车燃料消耗量的管理,即汽车制造商自己进行汽车燃料消耗量的认证试验,然后将试验结果上报EPA。EPA有权对试验结果进行复查,以保证车辆的性能符合法规要求。美国的汽车燃料消耗量认证制度包括两部分:一是对某个车型的燃料消耗量标识值的认证;二是对CAFE的认证。

1) 单个车型燃料消耗量标识值的认证程序

汽车生产企业对将要投入市场的车型按《机动车燃料经济性法规》(40 CFR 600)规定的试验规程分别测量其城市运行燃料消耗量(CFE, City Fuel Economy)和公路运行的燃料消耗量(HFE, High-way Fuel Economy),再按公式(1)计算出该车型的燃料消耗量标识值,并在规定的时间内向EPA申报。

$$FE = \frac{1}{0.55/CFE + 0.45/HFE}$$

如EPA审核通过,则书面通知汽车生产企业,并在通知文件中注明该燃料消耗量标识值;如EPA在审核过程中认为数据信息不足,汽车生产企业应及时补充提供;如EPA核算的燃料消耗量标识值比汽车生产企业提供的数值差,汽车制造企业就应在接到书面通知之日起15日内,在全部未售出的同类车型的车辆上粘贴EPA提供的燃料消耗量标识值。

2) CAFE的认证程序

CAFE的自我认证分为三个阶段进行。汽车厂在每个车型年开始前,根据该年度各车型的预期销售量和各车型的实测燃料消耗量,报送该厂燃料消耗量的"车型年预期报告"(Pre-Model-Year Report);在车型年中期,根据上半年实际销售量及下半年预期销售量,报送该厂燃料消耗量的"车型年中期报告"(Mid-Model-Year Report);在车型年结束时,根据该年度的实际销售量,报送该厂燃料消耗量的"车型年终报告"(Final-Model-Year Report)。"车型年终报告"中的数据,是判定该厂是否符合CAFE限值要求的根据。

汽车厂自己进行认证试验,自己进行抽查试验,自己进行在用车的抽查,这是美国自我认证制度的特点。美国联邦政府对汽车厂的生产一致性采用不定期下线抽查的方式进行,称为强制抽查(Selective Enforcement Audit)。强制抽查是在EPA代表的监督下,随机抽查足够数量的下线汽车产品,只要所抽查的这批车中有60%以上合格(AQL=40%),即认为通过抽查。对于年计划销售量少于15万辆的车型,每年抽查一次;超过15万辆的,不超过年销售量的30万分之一次。需要说明的是,对生产一致性的抽查是结合排放抽查进行的,而燃料消耗量的控制是针对汽车厂一年的生产而言的,因此每次抽查并不能判定燃料消耗量是否合格,只有综合一年的数据才能作出判断。

2. 燃料消耗量公布及标示制度

美国能源信息署(EIA,Energy Information Administration)和环保署每年均要发布《燃油经济性指导手册》(Fuel Economy Guide),依据车型年公布乘用车及轻型货车的燃油经济性。为了反映消费者实际行驶于道路上所消耗的燃油量,《燃油经济性指导手册》所公布的市区油耗为实验室测试值乘以0.9,高速公路油耗为实验室测试值乘以0.78。另外,美国政府规定,新车销售商在展示期间必须提供《燃油经济性指导手册》,以方便消费者查阅和选择相同级别下燃油经济性好、碳排放低的车辆。

依据《机动车燃料经济性法规》(40 CFR 600)规定,汽车制造商必须在每辆2948kg(6500b)以下的乘用车和轻型货车的车窗上粘贴车辆燃料消耗量相关信息的标签,如图1-1所示。

3. 未达到CAFE标准的处罚规定

美国针对CAFE标准的处罚主要有两类:一是针对单车用户征收的油老虎税;二是针对汽车制造企业超过CAFE的处罚。

1) 油老虎税

为了限制单车油耗过高的车辆,美国从1980年开始对油耗很高的新乘用车根据其油耗高低的程度,在其出售时向车主一次性征收每辆车1000~7700美元的税款,这种税被称为"油老虎税"(Gas Guzzler Tax)。表1-6为1980年至今的CAFE限值和油老虎税的起征点。表1-7为1991年后美国的油老虎税税率。

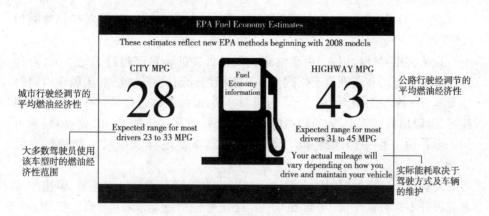

图 1-1 燃油经济性标签

CAFE 限值和油老虎税起征点(单位:mpg)　　　　　　表 1-6

年份	1980	1981	1982	1983	1984	1985	1986 至今
CAFE 限值	12.0	22.0	24.0	26.0	27.0	27.0	26(27.5)
超标税起征点	15.0	17.0	18.0	19.0	19.5	21.0	22.5

油老虎税课税等级表　　　　　　表 1-7

燃油经济性	课税额度(美元)
≥22.5mpg(10.46 L/100km)	免税
低于 22.5mpg 但高于 21.5mpg(10.94 L/100km)	1000
低于 21.5mpg 但高于 20.5mpg(11.48 L/100km)	1300
低于 20.5mpg 但高于 19.5mpg(12.07 L/100km)	1700
低于 19.5mpg 但高于 18.5mpg(12.72 L/100km)	2100
低于 18.5mpg 但高于 17.5mpg(13.45 L/100km)	2600
低于 17.5mpg 但高于 16.5mpg(14.26 L/100km)	3000
低于 16.5mpg 但高于 15.5mpg(15.18 L/100km)	3700
低于 15.5mpg 但高于 14.5mpg(16.23 L/100km)	4500
低于 14.5mpg 但高于 13.5mpg(17.43 L/100km)	5400
低于 13.5mpg 但高于 12.5mpg(18.82 L/100km)	6400
低于 12.5mpg	7700

2)超过 CAFE 限值的处罚

如果汽车制造厂不能满足 CAFE 限值的要求,将被处以罚款。对于乘用车,每差 0.1mile/US gal,要处罚该制造厂本年在美国销售的乘用车总数乘以 5.5 美元。

自从实施 CAFE 以来,由于油老虎税被处罚的金额已超过 5 亿美元,然而还没有一家美国和亚洲汽车厂因 CAFE 指标超标而受罚。此外,美国政府对轻型货车有一个"前三年和后三年"的通融办法,即如果制造厂某一年的 CAFE 值超标,可以用前三年中的 CAFE 富裕量来抵消,而某一年的 CAFE 富裕量,则可用来填补后三年中的超标量。而且,这些富裕量还可以在汽车制造厂之间买卖。

美国的 CAFE 处罚制度有效地促使企业改善汽车的燃料消耗量,但由于油老虎税并不针对轻型货车,而且 CAFE 处罚对轻型货车采取的"前三年和后三年"政策倾斜,造成美国轻型货车尤其是高耗能的皮卡快速发展,甚至达到了泛滥的程度,大大影响了美国 CAFE 标准的实施效果。

第二节 日 本

日本是一个资源贫乏的国家,因此在较早的时期就开始对汽车的燃料消耗量进行限制,并取得了很好的效果。日本提出的基于车辆质量分类的方法和基于领跑者的限值制定方法,为逐步推进汽车燃油经济性的提高发挥了重要作用。

一、汽车燃料消耗量管理法规体系

日本 1979 年以法律形式颁布了《能源利用合理化法》(又称《节约能源法》),通过严格规定能源标准,提高了建筑、汽车、家电、电子等产品的节能标准。《节约能源法》成为日本能源管理的核心法律之一,也是日本汽车燃料消耗量管理的主要法律。节能法的相关法规由"法律实行令"(政令)、"法律施行规则"(省令)、"告示"三者构成。在汽车燃料消耗量管理方面,节能法中的《能源合理消耗法实施政令》、《关于确定机动车能源利用率的省令》和《制造者等关于改善机动车性能的准则》等一系列的法律性文件对汽车的燃料消耗量测试方法和限值进行了规定。

《节约能源法》授权国土交通省(MLIT)和经济产业省(MITI)负责各个阶段汽车燃料消耗量限值标准的制定、审核和公示。表1-8列出了日本汽车燃料消耗量相关法规的变动情况。可以看出,日本从 1979 年开始限制乘用车的燃料消耗量,1998 年引入"领跑者"燃料消耗量限值确定方法,2006 年开始限制中重型客货运车辆的燃料消耗量。

日本汽车燃料消耗量相关法规　　　　　　　　表1-8

年　度	政　策　修　改　内　容	目　标　年　度
1976	节油能源法	—
1979	第一个乘用车燃油经济性标准	1985
1993	乘用车燃油经济性标准修改	2000
1996	货车燃油经济性标准	2003
1998	节约能源法修改,引入"领跑者"方法	—
1999	乘用车和货车的燃油经济性标准修改	轿车,2010 货车,2015
2003	LPG汽车的燃油经济性	2010
2006	重型车(货车和客车)燃油经济性标准	2015
2007	乘用车和轻型货车燃油经济性标准的修改,轻型客车的燃油经济性标准	2015

二、汽车燃料消耗量限值的发展

日本采用汽车燃油经济性指标"公里/升"来评价汽车的燃料消耗量,即汽车每消耗1L汽油可以行驶的公里数。与美国CAFE标准不同的是,日本按照汽车总质量将汽车进行分类,以每个类别的汽车作为整体进行CAFE计算,得到每个质量段汽车的燃料消耗量,并分别设定燃料消耗量限值进行管理。这种方法被称为"小CAFE"。

在制定燃料消耗量限值时,日本采用了被称为"领跑者"(Top Runner)的限值制定方法,有力地促进了汽车的燃油经济性水平的提高。"领跑者"的基本原理是将全日本1995年各质量段的汽油车燃料经济性值的分布曲线中最佳的5%的平均值,作为该质量段2010年的限值,如图1-2所示。

日本汽车的燃料消耗量限值的历史上经历了四次修改:1979年制定1985年目标;1993年制定2000年目标;1999年制定2005年目标;2007年制定2015年目标。

日本2005年前的标准将汽车分为6个质量段,每个质量段的限值见表1-9、表1-10。1999年第三次制定标准时,将汽车的分类进行了细化,每个质量段的限值见表1-11、表1-12。2007年第四次制定标准时,增加了中重型客货车辆的限值,成为世界上最早对中重型车辆的燃料消耗量进行限制的国家,各质量段2015年的限值标准见表1-13~表1-19。

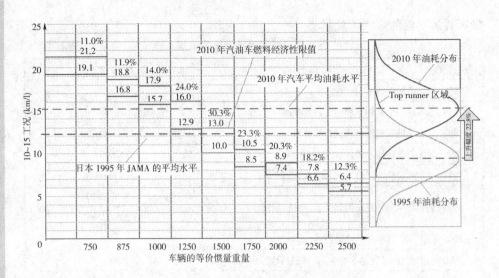

图1-2 日本汽车2010年燃油经济性限值确定方法

日本2005年前乘用车燃料经济性限值　　　　表1-9

整备质量 CW[①] (kg)	限 值	
	km/L	L/100km
CW≤702.5	19.2	5.2
702.5≤CW<827.5	18.2	5.5
827.5≤CW<1015.5	16.3	6.1
1015.5≤CW<1515.5	12.1	8.3
1515.5≤CW<2015.5	9.1	11.0
2015.5≤CW	5.8	17.2

注：①整备质量CW为空载时的汽车质量。

日本2005年前货车燃料经济性限值　　　　表1-10

车 型	整备质量 CW (kg)	限 值	
		km/L	L/100km
微型货车	CW≤702.5	16.5	6.1
	702.5≤CW	14.6	6.8
小型货车 总质量≤1700	CW≤1015.5	15.2	6.6
	1015.5≤CW	13.9	7.2
轻型货车 1700<总质量≤2500	CW≤1265.5	11.5	8.7
	1265.5≤CW	9.5	10.5

日本 2005 年和 2010 年乘用车油耗限值　　　　　　　　表 1-11

汽油乘用车油耗限值(2010 年)									
整备质量(kg)	≤702	703~827	828~1015	1016~1265	1266~1515	1516~1765	1766~2015	2016~2265	≥2266
限值(km/L)	21.2	18.8	17.9	16.0	13.0	10.5	8.9	7.8	6.4
限值(L/100km)	4.7	5.3	5.6	6.3	7.7	9.5	11.2	12.8	15.6
柴油乘用车油耗限值(2005 年)									
整备质量(kg)	≤1015	1016~1265	1266~1515	1516~1765	1766~2015	2016~2265	≥2266		
限值(km/L)	18.9	16.2	13.2	11.9	10.8	9.8	8.7		
限值(L/100km)	5.3	6.2	7.6	8.4	9.3	10.2	11.5		
LPG 乘用车油耗限值(2010 年)									
整备质量(kg)	≤702	703~827	828~1015	1016~1265	1266~1515	1516~1765	1766~2015	2016~2265	≥2266
限值(km/L)	15.9	14.1	13.5	12.0	9.8	7.9	6.3	5.9	4.8
限值(L/100km)	6.3	7.1	7.4	8.3	10.2	12.7	14.9	16.9	20.8

日本 2005 年和 2010 年货车油耗限值　　　　　　　　表 1-12

汽油货车油耗限值(2010 年)				
类别	整备质量 RW (kg)		限值(km/L)	
			自动变速器	手动变速器
微型货车	RW≤702	乘用车派生①	18.9	20.2
		其他②	16.2	17.0
	703≤RW≤827	乘用车派生	16.5	18.0
		其他	15.5	16.7
	828≤RW		14.9	15.5
小型货车 (总质量③≤1700)	RW≤1015		14.9	17.8
	1016≤RW		13.8	15.7
轻型货车 (1700<总质量≤2500)	RW≤1265	乘用车派生	12.5	14.5
		其他	11.2	12.3
	1266≤RW≤1515		10.3	10.7
	RW≥1516		(RW≥1266)	9.3

续上表

类 别	整 备 质 量 RW (kg)		柴油货车油耗限值(2005年)	
			限 值（km/L）	
			自动变速器	手动变速器
小型货车	总质量≤1700kg		15.1	17.7
轻型货车 (1700＜总质量≤2500)	RW≤1265	乘用车派生	14.5	17.4
		其他	12.6	14.6
	1266≤RW≤1515		12.3	14.1
	1616≤RW≤1765		10.8	12.5
	RW≥1766		9.9	

注：①乘用车派生是指：a.最大装载量除以车辆总质量的值在0.3以下的；b.乘车装置以及物品装载装置设在同一车室内，并且该车室和车体外固定的屋顶、窗户玻璃等隔壁分割的；c.在驾驶室前方有发动机，并且仅前轴能够传递动力或者前轴以及后轴的任意轴以上能够传递动力的。
②指①以外的构造车型。
③车辆总质量为满载时的汽车质量。

11人以上公共汽车　　　　　　　　　　　　　　　　　　表1-13

划　分	车辆总质量(t)	目标标准值（km/L）
1	6＜&≤8	6.97
2	8＜&≤10	6.30
3	10＜&≤12	5.77
4	12＜&≤14	5.14
5	＞14	4.23

11人以上一般客车　　　　　　　　　　　　　　　　　　表1-14

划　分	车辆总质量(t)	目标标准值(km/L)	
		路线客车	一般客车
1	3.5＜&≤6	—	9.04
2	6＜&≤8	6.97	6.52
3	8＜&≤10	6.3	6.37
4	10＜&≤12	5.77	5.70
5	12＜&≤14	5.14	5.21
6	14＜&≤16	4.23	4.06
7	＞16	4.23	3.57

乘用车 10 人以下   表 1-15

划 分	车辆总质量（kg）	目标标准值（km/L）		
		汽油车	柴油车	液化石油气汽车
1	<703	21.2	18.9	15.9
2	703≤&<828	18.8	18.9	14.1
3	828≤&<1016	17.9	18.9	13.5
4	1016≤&<1266	16	16.2	12
5	1266≤&<1516	13	13.2	9.8
6	1516≤&<1766	10.5	11.9	7.9
7	1766≤&<2016	8.9	10.8	6.7
8	2016≤&<2266	7.8	9.8	5.9
9	>2276	6.4	8.7	4.8

柴油货车≤2500kg   表 1-16

划分	变速器类型	车辆总质量（kg）	车辆结构	目标标准值（km/L）
1	手动	<1700		17.7
2	非手动			15.1
3	手动	<1266	A 结构	17.4
4			B 结构	14.6
5		1266≤&<1516		14.1
6		1516≤		12.5
7	非手动	<1266	A 结构	14.5
8			B 结构	12.6
9		1266≤&<1516		12.3
10		1516≤&<1766		10.8
11		≥1766		9.9

汽油货车≤2500kg   表 1-17

划分	变速器类型	车辆总质量（kg）	车辆结构	目标标准值（km/L）
1	手动	<703	A 结构	20.2
2			B 结构	17
3		703≤&<828	A 结构	18
4			B 结构	16.7
5		≥828		15.5

续上表

划分	变速器类型	车辆总质量(kg)	车辆结构	目标标准值(km/L)
6	非手动	≤703	A 结构	18.9
7			B 结构	16.2
8		703≤ & <828	A 结构	16.5
9			B 结构	15.5
10		≥828		14.9
11	手动	<1016		17.8
12		≥1016		15.7
13	非手动	≤1016		14.9
14		>1016		13.8
15	手动	≤1266	A 结构	14.5
16			B 结构	12.3
17		1266≤ & <1516		10.7
18		≥1516		9.3
19	非手动	<1266	A 结构	12.5
20			B 结构	11.2
21		≥1266		10.3

货车(牵引车以外)>3500kg　　　　　表1-18

划分	车辆总重量范围(t)	最大装载量范围(t)	目标标准值(km/L)
1	3.5 < & ≤7.5	≤1.5	10.83
2		1.5 < & ≤2	10.35
3		2 < & ≤3	9.51
4		>3	8.12
5	7.5 < & ≤8		7.24
6	8 < & ≤10		6.52
7	10 < & ≤12		6.00
8	12 < & ≤14		5.69
9	14 < & ≤16		4.97
10	16 < & ≤20		4.15
11	>20		4.04

牵引车 >3500kg   表1-19

划　　分	车辆总质量(t)	目标标准值(km/L)
1	≤20	3.09
2	>20	2.01

注：牵引车车轴配备主要有4×2和6×4两种。20t以下的4×2牵引车头总质量（牵引车头总质量＝牵引车质量＋第5轮载质量＋乘车定员×55kg）和超过20t的6×4牵引车头总质量是牵引车车轴配备的主体，所以以牵引车头总质量20t为界进行细化。

三、汽车燃料消耗量管理制度

1. 汽车燃料消耗量认证制度

日本汽车型式认证的基本程序是：企业向国土交通省提出申请，国土交通省接到申请后，对有关文件和车辆进行审查和试验。审查和试验的内容包括：车辆是否符合机动车辆安全基准（机动车参数、每种结构和装置的功能、排放物总量、噪声等）；机动车生产一致性控制；机动车辆出厂检验。如该车型通过审查和试验，即通过认证。每一辆车在出厂时，厂家要对其进行出厂检验，以确定其符合安全基准的要求。如通过检验，即对每一辆车发放出厂检验证书。汽车用户在购买车辆后，只要向地方陆运署出具出厂检验证书，就不必再对车辆进行检验，即可获得注册。

汽车燃料消耗量的申报，是汽车型式认证制度的一部分。申请型式认证时，企业必须按照型式认证制度中的汽车型式制定规则——汽车的参数记录要求中的有关规定在申请书上记录关于该车型的燃料消耗量数值。

2. 燃料消耗量标示制度

为了增强普通消费者对机动车燃油性能的关注和了解，促进一般消费者更好地对燃油性能优良的车辆进行选择，产业经济省设立了燃料消耗量标示制度。根据机动车的燃油经济性水平，将汽车分为"燃油标准达标车"和"燃油标准＋5％达标车"。生产商在售车时，须将相应的标签贴在汽车后车窗上，如图1-3、图1-4所示（图中平成22年为2010年）。

另外，为了促使消费者购买燃油经济性优良的汽车，政府要求汽车供应商在商品目录中明确记载燃料消耗量。此外，国土交通省在其网站上公布了各个品牌汽车、各个型号的机动车每一年的燃料消耗量值，数据信息详细而精准。这种公开既可以促进企业之间的竞争，又对消费者的消费趋向进行了有效引导。

3. 税费激励政策

日本政府采用分质量段的 CAFE 方法,对汽车制造企业销售汽车的燃料消耗量控制,即某一汽车厂在某一质量段内销售的汽车,只要各车型的加权油耗满足该质量段的限值要求即可。从 2010 年开始,政府允许将满足不同质量段限值后的富裕量折半去弥补别的质量段的不足量,对不能满足限值要求的车辆,每个质量段、每辆车罚款 100 万日元。

图 1-3　达标车标识　　　　　　　图 1-4　+5%达标车标识

日本的税费激励政策是将汽车的排放水平和燃料经济性水平结合在一起考虑的。日本规定汽车税为(29500 ~ 111000)日元/年,购置税为汽车售价的 5%。表 1-20 和表 1-21 分别是汽车税和购置税的减免情况。

汽车税减免表　　　　　　　　　　　　　　表 1-20

绿色税务计划(2004 年和 2005 年)		
燃料经济性	排放水平	税费减免
超过 2010 年燃料经济性限值的 5%	★★★★	降低 50%
超过 2010 年燃料经济性限值的 5%	★★★	降低 25%
达到 2010 年燃料经济性限值	★★★★	降低 25%

购置税减免表　　　　　　　　　　　　　　表 1-21

针对高燃料经济性汽车的特殊计划(2004 年和 2005 年)		
燃料经济性	排放水平	税费减免
超过 2010 年燃料经济性限值的 5%	★★★★	减 300000 日元
超过 2010 年燃料经济性限值的 5%	★★★	减 200000 日元
达到 2010 年燃料经济性限值	★★★★	减 200000 日元
清洁能源汽车(2004 年)		
电动车(包括燃料电池)、CNG、甲醇和混合动力车(货车和公共汽车)		降低 2.7%
混合动力车(客车)		降低 2.2%

第三节 欧　　盟

一、汽车燃料消耗量管理法规体系

欧盟直到目前都没有出台控制汽车燃料消耗量的限值法规，而是采用市场竞争机制来降低油耗。由于欧盟油价约为美国的三倍，因此政府只要每年公布各车型的实测油耗值，就可以引导用户的购买趋向。

欧盟能源环境政策中最重要的法律手段为法令，法令对成员国在其所叙述的目标方面有约束力，而实现目标的手段则由各国自行制定。因此各成员国可以自由选择自己实施政策的方式。欧盟汽车由欧洲经济委员会（ECE）的法规（Regulation）和欧洲经济共同体即后来的欧盟（EEC/EC）的指令（Directive）加以控制。法规是 ECE 参与国根据协议自愿采用、相互认可的，指令则是要求 EEC/EC 参与国强制执行并相互认可的。ECE 法规一般均有 EEC/EC 指令与之对应，二者在技术内容上相同，但实施日期有所差别。

1980 年 EEC 颁布了关于燃油消耗量的指令——80/1268/EEC。该指令是评价所有汽车燃料消耗量法规的基础，是欧共体型式认证程序的一项单独指令，涉及车辆系统、部件以及单个技术总成，包括在 90km/h 及 120km/h 的等速下进行 ECE-R15/04 燃料消耗量试验。但 80/1268/EEC 号指令只适用于 M_1 类乘用车，对客车和货车无要求。80/1268/EEC 号指令经过 1989 年 89/451/EEC、1993 年 93/116/EC 和 1999 年 1999/100/EC 等指令的修订，现在全称为"关于机动车的二氧化碳排放物和燃油消耗量"，其中没有限值，只有试验方法。当前已颁布的 123 项 ECE 法规有 2 项节能、8 项发动机排放污染物法规。1990 年 ECE 颁布了油耗法规——ECE-R84，1991 年修订过，全称为"装有内燃机的轿车的燃油消耗量测量"（也是测量方法）。

为了使油耗法规与排放法规的试验方法相一致，ECE 颁布了与欧 I 排放法规试验方法一致的 ECE-R101 油耗法规。1998 年为了与即将实施的欧 III 排放法规相一致，ECE 在该法规第 2 次修订本的基础上进行了第 2 次增补。此法规的全称为"装有内燃机的轿车的二氧化碳排放量和燃油消耗量测量"。表 1-22 是欧盟汽车燃油消耗量试验方法法规和指令的对照及相对应的排放法规或指令。

欧盟汽车燃料消耗量试验方法法规和指令 表1-22

燃料消耗量试验方法指令			燃料消耗量试验方法法规		对应的排放指令、法规
基础指令	技术指令名称	指令修订本	技术法规	技术名称	
80/1268/EEC	"关于机动车的二氧化碳排放物和燃油消耗量"试验方法	89/491/EEC	ECE-R84 (1990)	—	ECE-R15/04 83/351/EEC
		93/116/EC	ECE-R101 (1991)	"装有内燃机的轿车的燃油消耗量测量"	ECE-R83/02 93/59/EEC(欧Ⅰ)
		—	ECE-R101-1995年第2次修订	"装有内燃机的轿车的二氧化碳排放量和燃油消耗量测量"	ECE-R83/04 96/69/EEC(欧Ⅱ)
		1999/100/EC	ECE-R101,第2次修订、1998年第2次增补		ECE-R83/05 98/659/EEC (欧Ⅲ、欧Ⅳ)

从 EEC 的指令可以看到,欧盟已将二氧化碳和燃料消耗量结合在一起考虑。燃料消耗量的测定也是结合排放测试进行的,欧洲目前采用城市行驶循环加上公路行驶循环测定每种车型的尾气排放物(主要是指 HC、CO 和 CO_2),然后利用碳平衡法计算得出该车型百公里燃油消耗量。

二、汽车燃料消耗量限值的发展

欧盟采用汽车燃油经济性指标"升/百公里"(汽车每行驶 100 公里消耗的燃油量)来评价汽车的燃料消耗量。同时将汽车燃料消耗量与 CO_2 排放直接相关联,并以 CO_2 排放量(g/km)作为限值目标。

1997 年通过《京都议定书》协议后,欧洲汽车生产联合会(ACEA:Association des Constructeurs Européensd'Automobiles)同欧盟委员会于 1998 年 3 月达成了自愿协议来削减乘用车的 CO_2 排放。所签订的 ACEA 协议是一个集体承诺,欧盟汽车生产厂商协会及它的成员承诺自愿削减在欧盟销售的机动车 CO_2 排放率。这个协议建立了整个汽车工业在欧盟销售的新机动车的平均机动车排放目标,协议规定到 2008 年,在欧盟销售的新机动车 CO_2 排放要达到 140g/km 的平均目标。

欧盟标准的限值是一个集体性指标,并不针对某个具体的汽车企业,因此各个汽车企业并没有具体的限值要求。2006 年,欧盟对这个策略的效果进行了总结和分析,认为这种自愿式的策略有效地降低了 CO_2 排放量,但是还没有达到预期的效果。因此,欧盟正在酝酿对此策略进行修改,拟通过立法的方式,强制推行 CO_2 减排要求。2008 年,欧盟将该 ACEA 协议进行了延伸,设定了到 2012 年 CO_2 排放 120g/km,2020 年 CO_2 排放 95g/km 的目标。

第四节 其他国家

一、加拿大

加拿大的汽车燃料消耗量限值标准基本引用美国标准,测试方法和限值也与美国基本同步。

1976年加拿大首次引入公司平均燃油消耗(CAFC)目标。这个自愿性目标等效于CAFE标准,但与CAFE不同的是,此标准是用百公里油耗(L/100km)来衡量汽车的燃油经济性。1982年加拿大通过立法确定汽车的燃料消耗量为强制性要求而非自愿性,如果违反将被处以罚款。这个法案和美国的CAFE标准中法规完全一致,包括信用额度体系、违反法规将处以罚款等。尽管国会通过了立法,但这个法案并没有得以实施,因为汽车工业同意自愿遵守这个法案中的要求,到2010年要将乘用车燃油消耗量削减25%[总质量大于3558kg(8500b)的车辆除外]。

图1-5所示为历年来加拿大汽车的燃料消耗量水平的变化情况。加拿大自愿性目标一直与美国的标准保持同步,总的来说平均燃油经济性水平比美国要高出3%左右。造成这种差异的原因,一是不同的税收法规(燃油、车辆、收

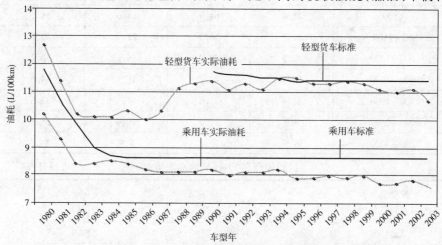

图1-5 加拿大实际的公司平均燃油消耗与标准对比

注:两条黑实线分别代表乘用车和轻型货车CAFC标准。两条灰线则代表乘用车和轻型货车分别达到的车队平均燃油消耗水平。若燃油消耗水平比标准低,则表明公司能够达到标准,否则公司将受到经济处罚。

入),二是两个国家不同的产品销售结构。总体来说,加拿大人比美国人购买了略少的皮卡、运动型多功能越野车和略多的轻型客车。

二、韩国

韩国也借鉴了美国的法规体系,建立了自己的汽车燃料消耗量限值标准。韩国采取按照发动机排量对汽车进行分类,并利用美国 CAFE 标准中的城市测试工况来测量汽车的燃料消耗量。

韩国汽车燃料消耗量的控制经历了两个阶段:一是自愿控制阶段,二是强制管理阶段。2004 年之前,韩国的自愿性汽车燃料消耗量限值见表 1-23。

2004 年 3 月韩国宣布执行强制性燃油经济性标准"国家燃油经济性标准(AFE)"。AFE 标准在一定程度上是针对由于 SUV 销售的增加而导致平均燃油经济性下降而制定的。新的标准从 2006 年开始对国产车生效,从 2009 年开始对销售量低于 1 万辆的进口车生效。而年产 1 万辆以上的公司还需要满足美国 CAFE 标准。表 1-24 给出了标准乘用车和多功能乘用车的 AFE 标准限值。此标准主要是针对小的汽车生产厂商和进口商。

针对标准乘用车的自愿性标准限值　　　　　　　表 1-23

发动机大小 [汽缸总排气量(cm^3)]	1996 年		2000 年	
	km/L	mpg CAFE	km/L	mpg CAFE
<800	23.4	64.9	24.6	68.2
800~1100	20.3	56.3	21.3	59.1
1100~1400	17.3	48.0	18.1	50.2
1400~1700	15.4	42.7	16.1	44.6
1700~2000	11.4	31.6	12	33.3
2000~2500	9.9	27.5	10.4	28.8
2500~3000	8.5	23.6	8.9	24.7

针对轻型车的 AFE 标准限值　　　　　　　表 1-24

发动机大小 [汽缸总排气量(cm^3)]	km/L	mpg CAFE
≤1500	14.4	39.9
>1501	9.6	26.6

在 AFE 体系中,如果某种车型的燃油经济性超过了限值的要求,就会获得一定信用额度,这些信用额度能够用来弥补其他级别未达标的车辆。如果某个

汽车生产厂商没有达到标准,韩国政府将发布命令要求该厂商在一定期限内提高燃油经济性。尽管没有财政处罚,但韩国政府会将所有没有达标(燃料消耗量高)的车辆进行公布,以达到警示作用。

三、澳大利亚

澳大利亚汽车燃料消耗量限值法规是借鉴欧盟标准体系建立的,并采取自愿的方法进行限值控制。与欧洲汽车生产联合会(ACEA)类似,澳大利亚的汽车工业界也成立了澳大利亚汽车工业联合会(FCAI),作为产业界和政府的交流平台,并与政府商讨制定汽车燃料消耗量的限值标准。

澳大利亚的第一项汽车燃料消耗量法规于1978—1987年生效,第二阶段法规于1996年被交通部、第一产业部和能源部采纳。在这项法规下,澳大利亚2000年乘用车国家燃油消耗均值(NAFC)要降低到8.2L/100km。2003年,澳大利亚宣布了FCAI与政府达成的第三阶段自愿性燃料消耗量标准协议。这项协议要求澳大利亚汽车工业界要在2010年时将乘用车的平均燃料消耗量在2002年的基础上到降低18%。

澳大利亚乘用车燃料消耗量限值的变化情况如图1-6所示。

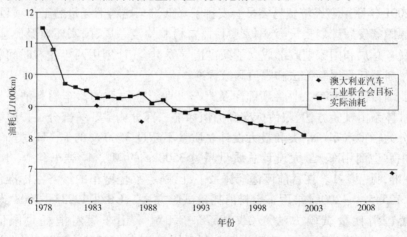

图1-6 澳大利亚汽车平均燃料消耗量和FCAI目标

第二章 我国汽车油耗标准现状

第一节 我国汽车油耗标准沿革

我国汽车行业从20世纪80年代初开展了汽车油耗标准化工作,制定了测定各类车辆燃油消耗量的试验方法GB/T 12545—1990《汽车燃料消耗量试验方法》,并颁布了各类车辆的行业性燃料消耗量限值标准JB 3809—1984《载货汽车燃料消耗量限值》和JB 3806—1984《重型载货汽车燃料消耗量限值》。但这些限值标准都是行业性或推荐性的标准,对降低汽车燃燃料消耗量的效果有限,多年未修订,也无相关配套法规支持,因此,基本没有很好地贯彻实施。

2001年原国家经济贸易委员会安排了降低汽车燃料消耗量的工作项目,并会同原国家发展计划委员会、国家质量监督检验检疫总局、国家环境保护总局、国家税务总局和国家财政部成立了项目指导委员会,计划用两年左右时间制定汽车燃料消耗量试验方法和限值国家标准。

我国目前的汽车工业管理部门及汽车工业行业协会的汽车燃料消耗量管理标准体系由试验方法、限值标准和标识标准三部分构成。每部分又按照车型不同分为轻型汽车(N_1类和最大设计总质量不超过3500kg的M_1、M_2类车)标准和中重型商用车(最大设计总质量超过3500kg的M_2、M_3类车和N_2、N_3类车)标准,见表2-1。在目前该标准体系中,已制定了轻型车的经济性标准包括GB/T 12545.1—2008《乘用车燃料消耗量试验方法》、GB/T 19233—2008《轻型汽车燃料消耗量试验方法》、GB 19578—2004《乘用车燃料消耗量限值》、GB 20997—2007《轻型商用车辆燃料消耗量限值》、GB 22757—2008《轻型汽车燃料消耗量标识》和QC/T 796—2008《汽车燃料消耗量标识》。

中重型商用车作为我国道路运输特别是客货运输的主体,在我国车辆保有中占有重要地位,特别是最近几年随着道路运输的发展,中重型商用车的保有量持续增长。中重型商用车使用强度大,是燃料消耗的大户。但是由于技术发展相对滞后,中重型商用车的能源消耗问题日益突出,其燃料经济性与国际先进水平有较大的差距。我国汽车行业至今没有3.5t以上中重型商用车燃料消耗量试验方法及限值的国家标准,这导致高能耗的运输车辆进入道路交通运输行业。这样,即使道路运输行业采取了大量节能降耗措施,也难以显著降低车辆的能源消耗。

我国现行轻型车燃料消耗量标准体系　　　　　　　　表2-1

车　型	试验方法标准	限值标准	标识标准
轻型车总质量≤3500kg	乘用车燃料消耗量试验方法(GB/T 12545.1—2008)	乘用车燃料消耗量限值(GB 19578—2004)	轻型汽车燃料消耗量标识(QC/T 796—2008)
	轻型汽车燃料消耗量试验方法(GB/T 19233—2008)	轻型商用车辆燃料消耗量限值(GB/T 19233—2008)	
中重型总质量>3500kg	—	—	—

第二节　乘用车燃料消耗量限值标准

2004年9月我国首次发布了乘用车燃料消耗量限值的国家标准GB 19578—2004《乘用车燃料消耗量限值》,并于2005年7月1日开始执行。该标准规定了最大设计总质量不超过3500kg的M_1类车辆的燃料消耗量的限值。标准采用GB/T 19233—2003《轻型汽车燃料消耗量试验方法》中规定的试验方法和燃料消耗量计算方法来评价汽车的燃料消耗量。

《乘用车燃料消耗量限值》采用质量分段的形式来分别限制各质量段乘用车的燃料消耗量,并要求质量段内的乘用车要全部符合标准的要求。表2-2给出了我国乘用车第一阶段和第二阶段的限值。对于新认证车,第一阶段的执行起始日期为2005年7月1日,第二阶段的执行起始日期为2008年1月1日。对于在生产车,第一阶段的起始执行日期为2006年7月1日,第二阶段的起始执行日期为2009年1月1日。

如果申请车型在结构上具有以下一种或多种特征,其限值见表2-3。
(1)装有自动变速器;
(2)具有三排或三排以上座椅;
(3)符合GB/T 15089—2001中3.5.1规定条件的M_1类汽车。

一般结构乘用车燃料消耗量限值（单位：L/100km） 表2-2

整车整备质量CM(kg)	第一阶段	第二阶段	整车整备质量CM(kg)	第一阶段	第二阶段
CM≤750	7.2	6.2	1540＜CM≤1660	11.3	10.2
750＜CM≤865	7.2	6.5	1660＜CM≤1770	11.9	10.7
865＜CM≤980	7.7	7.0	1770＜CM≤1880	12.4	11.1
980＜CM≤1090	8.3	7.5	1880＜CM≤2000	12.8	11.5
1090＜CM≤1205	8.9	8.1	2000＜CM≤2110	13.2	11.9
1205＜CM≤1320	9.5	8.6	2110＜CM≤2280	13.7	12.3
1320＜CM≤1430	10.1	9.2	2280＜CM≤2510	14.6	13.1
1430＜CM≤1540	10.7	9.7	2510＜CM	15.5	13.9

特殊结构乘用车燃料消耗量限值（单位：L/100km） 表2-3

整车整备质量CM(kg)	第一阶段	第二阶段	整车整备质量CM(kg)	第一阶段	第二阶段
CM≤750	7.6	6.6	1540＜CM≤1660	12.0	10.8
750＜CM≤865	7.6	6.9	1660＜CM≤1770	12.6	11.3
865＜CM≤980	8.2	7.4	1770＜CM≤1880	13.1	11.8
980＜CM≤1090	8.8	7.9	1880＜CM≤2000	13.6	12.2
1090＜CM≤1205	9.4	8.6	2000＜CM≤2110	14.0	12.6
1205＜CM≤1320	10.1	9.1	2110＜CM≤2280	14.5	13.0
1320＜CM≤1430	10.7	9.8	2280＜CM≤2510	15.5	13.9
1430＜CM≤1540	11.3	10.3	2510＜CM	16.4	14.7

表2-2和表2-3中第一阶段限值基本相当于我国2005年国产乘用车燃料消耗量的平均水平，符合和不符合表2-2和表2-3规定限值的车型各占50%。第二阶段的限值是在第一阶段的基础上加严约10%。

目前，我国正在制定第三阶段的乘用车燃料消耗量标准，计划于2012年公布并开始执行，第三阶段标准的汽车燃料消耗量限值将在第二阶段的基础上再降低20%，以实现与国外乘用车油耗水平的接轨。

第三节 轻型商用车燃料消耗量限值标准

我国于2007年7月发布了控制车型商用汽车燃料消耗量的强制性国家标

准 GB/T 20997—2007《轻型商用车燃料消耗量限值》。该标准适用于最大设计车速大于或等于 50km/h 的 N_1 类和最大设计质量不超过 3500kg 的 M_2 类车辆的燃料消耗量的限值。该标准为我国的轻型商用车设定了两个阶段的燃油消耗量限值：自 2008 年 2 月 1 日起，新认证基本型车及其变型车应符合第一阶段限值要求；自 2009 年 1 月 1 日起，在 2008 年 2 月 1 日前认证车型的在生产车及其变型车应符合第一阶段限值要求；自 2011 年 1 月 1 日起，适用于本标准的所有车辆应符合第二阶段限值要求。

该标准规定的限值分别见表 2-4 ~ 表 2-7。

N_1 类汽油车辆燃料消耗量限值　　　　　　　　表 2-4

最大设计总质量 M（kg）	发动机排量 V（L）	第一阶段限值（L/100km）	第二阶段限值（L/100km）
$M \leq 2000$	全部	8.0	7.8
2000 < $M \leq$ 2500	$V \leq 1.5$	9.0	8.1
	1.5 < $V \leq$ 2.0	10.0	9.0
	2.0 < $V \leq$ 2.5	11.5	10.4
	$V > 2.5$	13.5	12.5
2500 < $M \leq$ 3000	$V \leq 2.0$	10.0	9.0
	2.0 < $V \leq$ 2.5	12.0	10.8
	$V > 2.5$	14.0	12.6
$M > 3000$	$V \leq 2.5$	12.5	11.3
	2.5 < $V \leq$ 3.0	14.0	12.6
	$V > 3.0$	15.5	14.0

N_1 类柴油车辆燃料消耗量限值　　　　　　　　表 2-5

最大设计总质量 M（kg）	发动机排量 V（L）	第一阶段限值（L/100km）	第二阶段限值（L/100km）
$M \leq 2000$	全部	8.0	7.8
2000 < $M \leq$ 2500	$V \leq 2.5$	8.4	8.0
	2.5 < $V \leq$ 3.0	9.0	8.5
	$V > 3.0$	10.0	9.5
2500 < $M \leq$ 3000	$V \leq 2.5$	9.5	9.0
	2.5 < $V \leq$ 3.0	10.0	9.5
	$V > 3.0$	11.0	10.5

续上表

最大设计总质量 M (kg)	发动机排量 V (L)	第一阶段限值 (L/100km)	第二阶段限值 (L/100km)
$M>3000$	$V\leqslant 2.5$	10.5	10.0
	$2.5<V\leqslant 3.0$	11.0	10.5
	$3.0<V\leqslant 4.0$	11.6	11.0
	$V>4.0$	12.0	11.5

最大设计总质量 $M\leqslant 3.5t$ 的 M_2 类汽油车辆燃料消耗量限值　表 2-6

最大设计总质量 M (kg)	发动机排量 V (L)	第一阶段限值 (L/100km)	第二阶段限值 (L/100km)
$M\leqslant 3000$	$V\leqslant 2.0$	10.7	9.7
	$2.0<V\leqslant 3.5$	12.2	11.0
	$2.5<V\leqslant 3.0$	13.5	12.2
	$V>3.0$	14.5	13.1
$M>3000$	$V\leqslant 2.5$	12.5	11.3
	$2.5<V\leqslant 3.0$	14.0	12.6
	$V>3.0$	15.5	14.0

最大设计总质量 $M\leqslant 3.5t$ 的 M_2 类柴油车辆燃料消耗量限值　表 2-7

最大设计总质量 M (kg)	发动机排量 V (L)	第一阶段限值 (L/100km)	第二阶段限值 (L/100km)
$M\leqslant 3000$	$V\leqslant 2.5$	9.4	8.5
	$V>2.5$	10.5	9.5
$M>3000$	$V\leqslant 3.0$	11.5	10.5
	$V>3.0$	12.6	11.5

标准分别对以汽油、柴油为燃料的轻型商用车,按不同最大设计总质量和不同发动机排量分别设定了第一阶段、第二阶段燃料消耗量的限值。标准中限值分 33 组,共 66 个限值。

标准的第一阶段的限值比较宽松,大部分当前国内生产的轻型商用车均能满足限值要求。N_1 类汽车的符合率约为 69%,M_2 类汽车的符合率约为 88%,留有将近 3 年时间来改进未达标的车型。

标准的第二阶段的限值是在第一阶段限值基础上加严 5%~10%。N_1 类汽车的符合率约为 49%,M_2 类汽车的符合率约为 43%。有将近 6 年时间用来淘汰落后产品。

第三章 汽车燃料消耗量测试方法分析

目前,国际上常见的汽车燃料消耗量法规中的限值指标都是基于某种特定条件下测量的汽车油耗计算出来的,因此,限值指标与汽车油耗的测试方法密切相关。尽管各国法规采用的测试方法不近相同,但都选用了最适合本国汽车运行特点的油耗测试方法。本章详细介绍了现行常用的汽车燃料消耗量的测试方法及其应用情况,进而分析得到值得本项目借鉴的经验。

第一节 基本测量方法

汽车的燃料消耗测量主要指特定工况条件下测量汽车行驶一段时间或距离下消耗的燃料量。按照特定工况条件的实现和控制方法的不同,汽车的燃料消耗量测量方法可以分为三类:实车道路法、底盘测功机法和模拟计算法。

一、实车道路法

1. 基本原理

实车道路测量指的是汽车按照规定的条件在实际道路上行驶一段距离所消耗的燃料量。道路试验中汽车所受到的阻力与实际行驶阻力一致,油耗测量数据与用户使用时最为接近。实车道路试验包括稳态工况燃料消耗量试验和瞬态工况燃料消耗量试验。

2. 测试方法

稳态工况燃料消耗量试验,即等速百公里油耗试验,是指汽车按照一定的稳定速度行驶一段距离所消耗的燃料量的试验。试验中,受试车辆采用常用挡位,等速行驶测量路段;一般试验车速从20km/h(最小稳定车速高于20km/h的从30km/h),以车速的10km/h的整数倍均匀地选取车速,直至最高车速的90%,至少测定5个试验车速;测试车速误差在±2km/h以内;即每次试验的平均测试车速与规定的车速之差不得超过±2km/h;一般中重型车辆的测试路段长度为500m,而轻型车等速油耗测试要求测试路段长度至少2km;同一车速各往返两次。

试验中,测量受试车辆以稳定的速度行驶通过特定测量路段 D 的燃料消耗量 q 及通过此路段的时间 t 后,按照下式计算车辆的百公里燃料消耗量 Q:

$$Q = \frac{100q}{D} \tag{3-1}$$

式中:D——测量路段的长度,m;

q——车辆通过测量路段所消耗的燃料量,mL。

受试车量的实际车速(km/h)按下式计算:

$$V = \frac{D}{t} \times 3.6 \tag{3-2}$$

式中:D——测量路段的长度,m;

t——车辆通过测试路段的时间,s。

瞬态工况燃料消耗量试验是指车辆按照特定工况规定的速度要求运行一段距离所消耗的燃料量的试验。试验中,驾驶员应该按照工况的要求操作车辆进行加速、匀速和减速动作控制测试车辆的行驶速度,车速偏差应该在 ±2km/h 以内;应记录车辆通过工况试验的燃料消耗量和时间;当工况循环完成一次试验后,车辆应迅速掉头,重复试验;受试车辆各往返二次,四次试验结果的算术平均值即为工况燃料消耗量的测量值。在瞬态工况燃料消耗量试验中,各国根据各自道路的特点制定了不同的测试工况循环,后文中将详细介绍。

试验中通过测量循环工况下车辆所消耗的燃料量 q 和循环工况行驶距离 D 来计算车辆的百公里油耗,计算公式如下:

$$Q = \frac{q}{D} \times 100 \tag{3-3}$$

式中:q——循环工况下车辆的燃料消耗量,L;

D——循环工况下车辆运行的距离,km。

3. 主要特点

实车道路法测量车辆的燃料消耗量简单、易行,与汽车实际行驶阻力一致,油耗测量数据可靠度好,而且设备费用低廉。

但实车道路法需要有符合规定的道路,试验时受到气象条件的限制;试验结果受道路条件、气候和试验人员的影响;而且难以实现较复杂的工况循环试验。因此,实车道路法主要用于汽车稳态工况的燃料消耗量试验。

二、底盘测功机法

1. 基本原理

底盘测功机法是以底盘测功机作为活动路面,模拟车辆在道路行驶过程中遇到的行驶阻力和车速,进行汽车稳态行驶工况和瞬态工况行驶循环的燃油消耗量试验。

底盘测功机法是室内试验法,在试验时能通过控制试验条件,使周围环境影响减至最小,同时通过功率吸收加载装置来模拟道路行驶阻力,控制行驶状况,故能进行较为符合实际的复杂循环试验,因而得到广泛应用。底盘测功机分为单滚筒及双滚筒测功机两类。单滚筒底盘测功机,其滚筒直径大(1500~2500mm),制造和安装费用大,但其测试精度高,一般用于制造厂和科研单位。双滚筒式底盘测功机的滚筒直径小(180~500mm),设备成本低,使用方便,但测试精度较差,一般用于汽车使用、维修行业及汽车综合性能检测线。测试精度高的汽车的燃料消耗量测量,一般是在单滚筒底盘测功机上进行的。

底盘测功机一般由滚筒装置、功率吸收装置(加载装置)、测量装置和辅助装置4部分组成。滚筒相当于连续移动的路面,受测车辆的车轮在其上滚动。汽车在道路上行驶时,其外部阻力包括车轮滚动阻力、车轮轴承的摩擦和空气的作用力。而汽车在底盘测功机上运转时,其外部阻力包括驱动轮的滚动阻力、轴承摩擦和驱动轮空气摩擦以及转鼓组件的轴承摩擦等,远比汽车在道路上行驶时所受的外部阻力要小得多,因此,需用底盘测功机的功率吸收装置来保证汽车在试验台上的受力情况同行驶在道路上基本一致。

2. 测试方法

试验前,需要根据汽车行驶的阻力情况进行底盘测功机的设置,以保证准确地模拟加载车辆的阻力。因此,首先需要对受测车辆的道路阻力进行测量,通过道路滑行试验,得到车辆阻力与车速的关系曲线;再基于车辆的道路阻力曲线,使受测车辆在底盘测功机上进行滑行;最后在道路阻力的基础上减去底盘测功机上的滑行阻力即可以得到测功机功率吸收装置需要加载的阻力曲线。

试验过程中,驾驶员根据测试工况的速度要求操作车辆,完成驾驶循环。试验人员通过测功机记录车辆的速度和行驶距离,并通过油耗计测量消耗的燃料量,根据实车道路法中的计算方法计算百公里油耗。

底盘测功机上的油耗测试也可以与排放测试同步进行,并通过碳平衡法计算车辆的燃料消耗量。

碳平衡法是指:根据质量守恒定律,汽(柴)油经过发动机燃烧后,排气中碳质量总和与燃烧前的燃油中碳质量总和相等。碳原子在汽(柴)车排气中主要

以 CO_2、CO 和碳氢化合物(以 CH_x 表示)的形式存在。

不管按照什么运转循环进行油耗试验,假定汽车运行了 L km,汽车平均油耗为 FE(km/L),燃油密度为 SG(kg/L),燃油中碳质量比为 CWFF,那么汽油中碳质量 $m_{C汽油}$ 为:

$$m_{C汽油} = 1000 \times SG \times CWFF \times L/FE \qquad (3-4)$$

按照汽车排放测试标准,可测量出汽车按照运转循环运行 L km 后,排气中 CO_2、CO 和碳氢化合物的排放量。排气中碳质量总量 $m_{C排气}$ 为:

$$m_{C排气} = (m_{CO_2} \times 0.273 + m_{CO} \times 0.429 + m_{HC} \times CWFHC_{eX}) \times L \qquad (3-5)$$

式中:m_{CO_2}、m_{CO}、m_{HC}——排气中 CO_2、CO 和碳氢化合物的排放量,g/km;

0.273、0.429——CO_2、CO 中碳质量比率;

$CWFHC_{eX}$——碳氢化合物(CH_x)中碳质量比率,$CWFHC_{eX} = 12/(12+X)$。

由此,得到以下油耗计算公式:

$$FE = \frac{1000 \times SG \times CWFF}{0.273 \times m_{CO_2} + 0.429 \times m_{CO} + CWFHC_{eX} \times m_{HC}} (km/L) \qquad (3-6)$$

3. 主要特点

底盘测功机法不受道路、气象条件的限制,可模拟复杂的汽车行驶工况,可采用质量法、容积法、碳平衡法中的任一种方法测量燃料消耗量。试验条件可控,试验结果重复性好、准确、可靠。目前,轻型汽车的排放和经济性试验均采用底盘测功机法进行。

但能精确模拟车辆复杂行驶工况的底盘测功机价格昂贵,试验前需要对受测车辆的道路阻力情况进行预试验,过程比较复杂。而且,在重型车辆测试中,由于其本身质量大,所需的底盘测功机也是大型的,成本高,测量精度也受到影响。因此,重型车辆的燃料消耗量仍然多采用道路试验法。

三、模拟计算法

1. 基本原理

模拟计算法是采用虚拟试验的方法,根据发动机的油耗数据计算车辆燃料消耗量的方法。模拟计算法以汽车发动机万有特性数据为基础,通过整车、变速器、驱动桥速比、轮胎及滑行阻力曲线等关键参数来计算车辆特定工况下的发动机的对应运行状态,计算出受测车辆的燃料消耗量。

2. 计算方法

首先,需要测定受测车辆发动机的性能,得到发动机万有特性、发动机外特性转矩、发动机反拖转矩、发动机怠速转速及怠速燃料消耗量、发动机最高转速、发动机额定转速等。

其次,与底盘测功机法一样,需要测量受测车辆的道路阻力曲线,得到车辆阻力与速度的二次关系式:

$$F = AV^2 + BV + C \tag{3-7}$$

式中:F——道路等速行驶阻力,N;
A——拟合公式二次项系数;
B——拟合公式一次项系数;
C——拟合公式常数项;
V——车速。

在此基础上,根据车辆测试中运行工况,将整车的运行状态转换为发动机的运行状态。

发动机转速计算公式如下:

$$N_e(t) = \frac{1000}{120\pi} \times \frac{i_m \times i_f}{r} \times V(t) \tag{3-8}$$

式中:$N_e(t)$——发动机转速,r/min;
i_m——变速器传动比;
i_f——主减速比;
r——轮胎滚动半径,m;
$V(t)$——车速,km/h。

发动机转矩计算方法如下:
当阻力 $F > 0$ 时

$$T_e(t) = \frac{r}{\eta_m \times \eta_f \times i_m \times i_f} \times F \tag{3-9}$$

当阻力 $F < 0$ 时

$$T_e(t) = \frac{r \times \eta_m \times \eta_f}{i_m \times i_f} \times F \tag{3-10}$$

式中:$T_e(t)$——发动机转矩,N·m;
r——轮胎滚动半径,m;
η_m——变速器传动效率;
η_f——主减速器传动效率;
i_m——变速器传动比;
i_f——主减速比。

通过发动机的运行状态计算该状态下发动机的燃料消耗率,燃料消耗率乘以发动机处于该状态的时间即为车辆在该工况下的燃料消耗量。最后,将所有的油耗累加,即可得到整个工况循环下消耗的燃料量。

3. 主要特点

模拟计算法以发动机试验为基础,可以在计算机上模拟测定车辆在各种工况下的燃料消耗量,具有数据可靠、重复性好的优点,成本也比较低。

但模拟计算法需要精确的发动机万有特性曲线,而且车辆的荷载、道路阻力设定对结果有很大的影响,需要测量的参数明显增加,试验过程复杂程度也有增加;而且模拟计算法是用发动机稳态的数据来计算瞬态的过程,方法本身就存在一定的误差。因此,通过模拟计算法得出的数据只能作为参考。

第二节 测量方法的应用现状

随着汽车的运用条件的不同,汽车燃料消耗量会有很大的差别,因此,各个国家和地区在选取实际的测试方法时,均会考虑自身国家汽车运用的特点。目前,各国的汽车燃料消耗量限值法规基本只针对轻型汽车,并且汽车燃料消耗量测量与排放测试同时进行,形成了以美国、日本和欧盟为代表的三大测试方法体系。

一、美国

美国的 CAFE 标准采用了底盘测功机法来测量乘用车和轻型货车的燃料消耗量。燃料消耗量试验与排放试验同步,通过操作汽车在底盘测功机上运行指定工况,采用碳平衡法来计算汽车消耗的燃油量。CAFÉ 标准的测试工况是在实测美国洛杉矶市早上上班的公共汽车的运行工况的基础上改进得到的,由两个部分组成:城市行驶循环(City Driving Cycle)和公路行驶循环(Highway Driving Cycle),如图 3-1、图 3-2 所示。试验中根据测定汽车尾气排放中的碳排放量(HC、CO 和 CO_2),利用碳平衡原理计算得出该车型以 mile/US gal 表示的城市行驶燃油经济性 CFE 和公路行驶燃油经济性 HFE。综合的 CAFÉ 燃料消耗量中,55% 是城市道路行驶油耗,45% 是高速路行驶油耗,根据测定的 CFE 和 HFE 代入下列公式,求出该车型的综合燃料消耗量 FE:

$$FE = \frac{1}{0.55/CFE + 0.45/HFE} \tag{3-11}$$

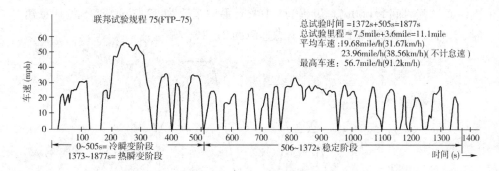

图 3-1　FTP-75 城市行驶循环

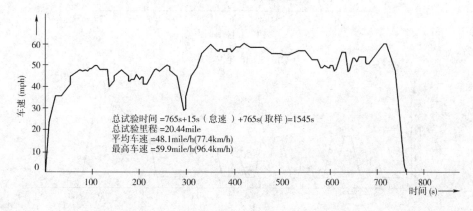

图 3-2　FTP-75 公路行驶循环

二、日本

日本是目前唯一一个对所有车型都进行燃料消耗量限制的国家,其汽车燃料消耗量测试方法根据汽车的特点而有所不同。

对轻型车燃料消耗量的测量,日本采用底盘测功机试验方法。首先测定尾气排放中的碳排放量(HC、CO 和 CO_2),然后利用碳平衡原理计算工况循环百公里油耗。但日本法规中采用的工况循环与美国不同。

日本早期一直使用 10 工况法(图3-3)测量轻型车的燃料消耗量。由于 10 工况法不能反映汽车的高速行驶状态,自 1992 年开始,日本对本国轻型车执行了 10-15 工况法(图3-4)。10-15 工况法不仅增加了怠速工况的运转时间,而且又追加了高速行驶工况。从 1993 年 4 月 1 日起日本对进口轿车也执行了 10-15 工况法。

进行 10-15 工况循环试验时,车辆将以 60km/h 运行 5min 进行预处理。预处理后开始进行 10-15 工况试验。试验中需要运行 10 工况循环 3 次,15 工况 1

次。总试验时间为660s,总里程为4.16km,平均车速为22.7km/h(不包括怠速时33.1km/h),最高车速70km/h,怠速时间31.4%。

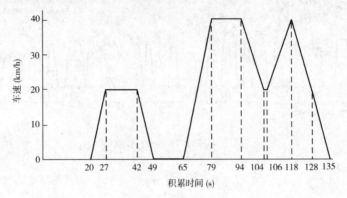

图3-3 10工况循环

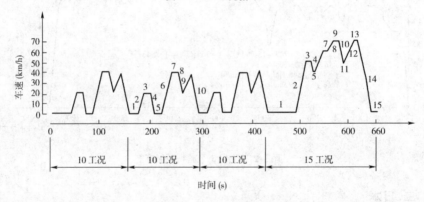

图3-4 10-15工况循环

对中重型车辆燃料消耗量的测量,日本采用模拟计算的方法。试验中,通过车辆传动系统参数将车辆工况的时间速度图转换为发动机的转速转矩图,从而得到车辆的燃料消耗量。

重型汽车多用于城间行驶,因此,用于燃料消耗率测定方法的行驶模式采用基于"市区行驶模式"和"城间行驶模式"的复合模式。

1. 市区行驶模式

2005年适用的排放法规(新长期法规)中对车辆总质量超过3.5t的车辆采用"JE05模式"(图3-5)。JE05循环工况是根据实际的市区行驶路况得到的,反映了日本汽车在城市间的运行特征。

2. 城间行驶模式

根据日本城间高速公路的实际情况及行驶情况调查结果,确定采用如下条件的行驶模式。

1) 行驶速度

在高速行驶时,速度变化对燃料消耗率的影响小,故设定速度为定值。此外,根据行驶实情调查结果,将速度设定为80km/h(不分车型)。

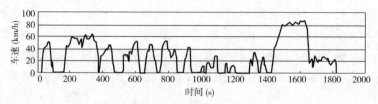

图3-5 市区行驶模式

2) 纵向坡度

纵向坡度对燃料消耗率的影响大,因此将道路交通量最多的东名高速道路的坡度(图3-6)确定为纵向坡度。

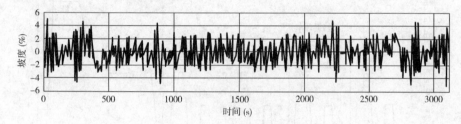

图3-6 城间行驶模式

3) 实(装)载率(乘车率)

参考行驶实际情况、调查结果以及在排放测定方法上的设定等,将实载率都设定为50%(不分车型)。

3. 各行驶模式的行驶比例

参考行驶实际情况、调查结果等,根据高速道路的利用频度,按照车型设定市区和城间各模式的行驶比例如表3-1所示。

各模式行驶比例 表3-1

类 别	客车(乘车定员11人以上)			货 车			
	一般客车		公共汽车	牵引车以外		牵引车	
(车辆总质量)(GVW)	14t以下(包括14t)	超14t	—	20t以下(包括20t)	超20t	20t以下(包括20t)	超20t
行驶比例 上段:市区模式	0.9	0.65	1.0	0.9	0.7	0.8	0.9
下段:城间模式	0.1	0.35	0.0	0.1	0.3	0.2	0.1

三、欧盟

欧盟也采用底盘测功机法来测量乘用车和轻型货车的燃料消耗量,并随排放认证试验同步进行。欧盟的测试方法中采用了反映欧盟汽车运行特征的新欧洲行驶循环(NEDC,如图3-7所示)。它由4个城市驾驶循环(ECE-15,如图3-8所示)和一个市郊驾驶循环(EUDC,如图3-9所示)构成,ECE-15和EUDC循环参数见表3-2。在测试时,先测定每种车型的排气排放物,再利用碳平衡法中的相关公式计算出该车型以L/100km表示的燃油消耗量。

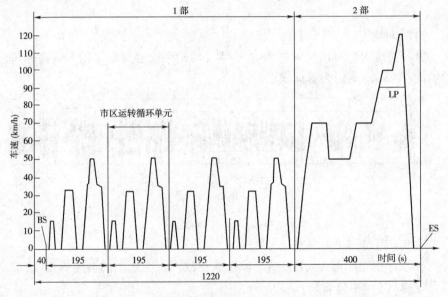

图3-7 NEDC循环测试工况

BS-取样开始;ES-取样结束;LP-低功率车辆

ECE-15 和 EUDC 循环工况特征参数 表3-2

特 征 参 数	单 位	ECE 15	EUDC
距离	km	4×1.013=4.052	6.955
时间	s	4×195=780	400
平均速度	km/h	18.7(包括怠速)	62.6
最大速度	km/h	50	120

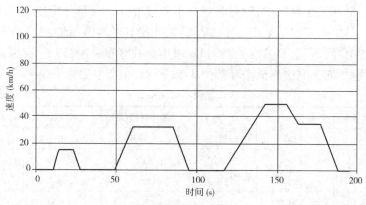

图 3-8　ECE-15 循环

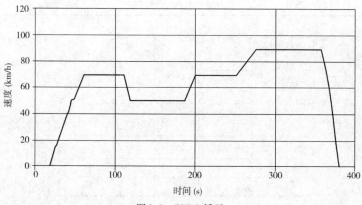

图 3-9　EUDC 循环

四、中国

我国现行的汽车燃料消耗量测试方法的标准主要有 GB/T 12545.1—2008《乘用车燃料消耗量试验方法》、GB/T 12545.2—2001《商用车辆燃料消耗量试验方法》和 GB/T 19233—2008《轻型汽车燃料消耗量试验方法》。

对于轻型车辆,要求测量 90km/h 和 120km/h 等速油耗以及 NEDC 循环工况下的综合燃料消耗量。其中,等速油耗的测量可以采用实车道路法或者底盘测功机法,而工况循环油耗的测量与欧盟类似,采用底盘测功机法和碳平衡法。

对于中重型车辆,需要测量等速行驶燃料消耗量和多工况循环燃料消耗量,两种测量均可以在道路或者底盘测功机上进行。

其中等速行驶燃料消耗量试验要求从 20km/h 开始,以车速 10km/h 的整数倍均匀选取车速,直至最高车速的 90%,至少测定 5 个车速。

而多循环工况测试中,针对载货汽车和城市公共汽车分别提出了不同的试验规程。其中载货汽车采用"六工况法"来测量其燃料消耗量,六工况法测试循环如图 3-10 所示,主要参数见表 3-3。城市公共客车采用"四工况法"来测量其燃料消耗量,四工况法测试循环如图 3-11 所示,主要参数见表 3-4。

六工况循环试验参数表　　　　　　　　　　　　表 3-3

工况序号	行程(m)	时间(s)	累计行程(m)	车速(km/h)	加速度(m/s)
1	125	11.3	125	40	—
2	175	14.0	300	40～50	0.2
3	250	18.0	550	50	—
4	250	16.3	800	50～60	0.17
5	250	15.0	1050	60	—
6	300	21.6	1350	60～40	0.26

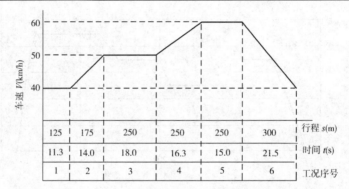

图 3-10　六工况测试循环图

四工况循环试验参数表　　　　　　　　　　　　表 3-4

工况序号	运转状态(km/h)	行程(m)	累积行程(m)	时间(min)	挡位	换挡车速(km/h)
1	0～25 换挡加速	5.5	5.5	5.6	Ⅱ-Ⅲ	6～8
		24.5	30	8.8	Ⅲ-Ⅳ	13～15
		50	80	11.8	Ⅳ-Ⅴ	19～21
		70	150	11.4	Ⅴ	
2	25	120	270	17.2	Ⅴ	
3	25～40	160	430	17.2	Ⅴ	
4	减速行驶	270	700		空挡	

随着我国城市化进程以及高速公路建设的加快,六工况及四工况已经不能

完全反映我国货车和公交车的运行特点,基于此种方法测量的汽车燃料消耗量与实际使用中的油耗有很大的差距。因此,亟需提出新的适合我国汽车运行特征的中重型车辆燃料消耗量测试方法。

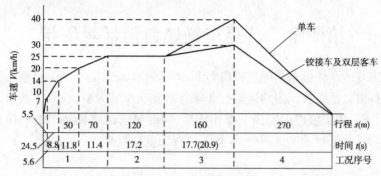

图 3-11 四工况测试循环图

第四章 营运车辆燃料消耗量现状

制定营运车辆燃料消耗量限值标准,需了解我国营运车辆燃料消耗量的现状。项目组通过对我国道路运输行业能源消耗状况的分析,找到了其与国外同行业的差距,为限值提出提供了参比依据;同时对营运车辆新车的市场占有率和燃料消耗量进行了广泛调查,积累了可观的基础数据。

第一节 我国道路运输单耗现状

一、我国道路运输业概况

1. 营运车辆发展现状

近年来,我国道路客货营运车辆运载能力持续增长。截至2010年底,全国拥有道路营运汽车1133.32万辆,比2005年增长54.6%。其中,载货汽车1050.19万辆、5999.82万吨位;载客汽车83.13万辆、2017.09万客位。载货汽车中,普通载货汽车996.43万辆、5223.23万吨位,专用载货汽车53.77万辆、776.59万吨位。载客汽车中,大型客车24.78万辆、1031.79万客位。

"十一五"期间我国营运客、货运车辆及总量的变化情况详见表4-1,发展趋势如图4-1所示。

"十一五"期间我国营运车辆数量   表4-1

运输车辆	2006年	2007年	2008年	2009年	2010年
营运车辆总数(万辆)	802.58	848.43	930.61	1087.35	1133.32
载客汽车(万辆)	161.92	164.62	169.64	180.79	83.13
万客位(万辆)	2312.41	2426.55	2560.36	2799.71	2017.09
载货汽车(万辆)	640.66	683.81	760.97	906.56	1050.19
万吨位(万辆)	2822.69	3133.72	3686.2	4655.23	5999.82

从图4-1中可以看出,我国营运车辆总数以每年约9%的速度增长,而营运载货汽车则以14.8%的速度快速增长,营运载客汽车在2006—2009年四年间

快速增长,到 2010 年明显下降,这主要与国家大力调整运输产业结构、合理投放运力密切相关。

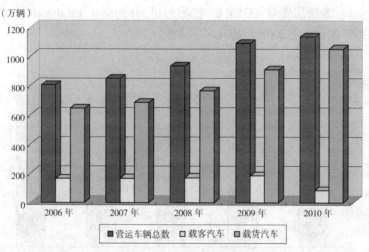

图 4-1　2006—2010 年全国营运车辆总数以及客、货车辆数

2. 运输量及运输周转量

随着我国国民经济的快速发展及交通运输业的稳步发展,道路客、货运输周转量逐年快速增长。图 4-2、图 4-3 所示为 2006 年到 2010 年道路客、货运输量的变化情况。

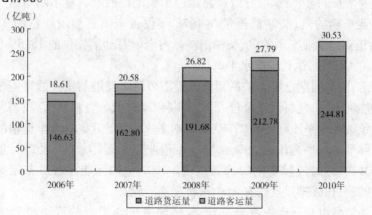

注:图中旅客运输按 100kg/人进行折算。

图 4-2　2006—2010 年道路客、货运输量

从图 4-3 中可以看出,道路客、货运输量迅速增长,年均增长率约 10%,尤其是 2008 年货物运输周转量增长尤为突出,几乎是 2007 年的 3 倍。2010 年全

国营运载客汽车完成公路客运量 305.27 亿人次、旅客周转量 15020.81 亿人公里,比 2009 年分别增长 9.8% 和 11.2%;全国营运载货汽车全年完成货运量 244.81 亿吨、货物周转量 43389.67 亿吨公里,分别增长 15.0% 和 16.7%,平均运距为 177.24km,比 2009 年提高了 1.4%。

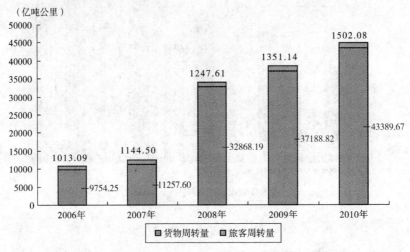

注:图中旅客运输按 100 人公里 = 1 吨公里进行折算。

图 4-3 2006—2010 年道路客、货运输周转量

3. 能耗总量变化

快速增长的客、货运输导致道路运输车辆消耗的燃料量不断增加。我国道路运输业车辆的汽、柴油消耗量在 1978 年仅占全国石油消耗量的 2.1%,到 1990 年道路运输业车辆的汽、柴油消耗量占全国石油消耗量的 15.3%,到 2005 年已经占 16.9%,达到较高水平。

当前,能源问题已成为关系到我国经济可持续发展的重大战略问题。道路运输是能耗大户,燃料消耗量较大,能源利用率较低。资料显示,我国营运载客汽车单位油耗水平比欧盟高 22%、比日本高 39%;营运载货汽车运输的单位油耗较国际平均水平高出近 50%。交通运输业还是碳排放的"大户",是国际温室气体减排、缓解气候变化的重要领域。2009 年国际能源署发布相关报告显示,全球二氧化碳排放量约有 25% 来自交通运输。

石油消费以交通运输业为主导,成品油中 90% 以上的汽油和 75% 左右的柴油被交通运输业所消耗。严峻的能源安全形势、快速增长的能源需求以及持续走高的燃油价格将在一定程度上制约了道路运输的快速发展。据统计,2010 年全国道路运输车辆的保有量达到 1133.32 万辆,仅占全国机动车保有量的 5.7%,但道路运输业所消耗的成品油却占全国成品油消耗总量的 30% 以上,而

且这一比重仍将继续提高。

二、营运车辆单耗

我国道路运输能源利用效率的主要技术经济指标是单位运输量能耗(简称"单耗"),即百吨公里燃料消耗量和千人公里燃料消耗量。它不仅是反映道路运输行业能源利用效率的指标,而且也能考察企业的运输组织管理水平。

据2010年下半年交通运输部政策法规司组织对广东、湖北、江苏、江西、四川、西藏等10余省的营业性道路运输企业的车辆燃油消耗状况的调查结果显示,特大型营运客车和重型营运货车因其运行单耗低,呈现出明显的节能优势。总体来看,我国营运客、货车单耗水平呈下降趋势,这与完善的路网布局、合理的运力结构以及快速增长的客、货运输能力对于加强节能减排工作的迫切需求是密不可分的。

表4-2、图4-4、表4-3和图4-5分别为2008—2010年营运载客汽车和营运载货汽车的单耗变化情况及趋势。

2008—2010年我国营业性客车单耗统计(单位:升/千人公里)　　表4-2

营运客车	2008年	2009年	2010年
小型	11.85	11.46	11.18
中型	10.21	9.98	9.73
大型	10.23	10.19	9.86
特大型	10.13	9.52	8.64

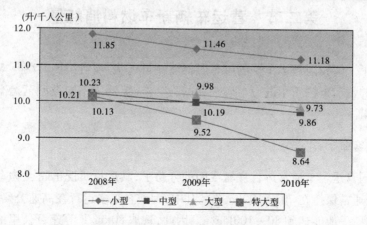

图4-4　营运载客汽车单耗变化趋势图

2008—2010年我国营业性货车单耗统计(单位:升/百吨公里)　表4-3

营运货车	2008年	2009年	2010年
轻型	6.2	5.92	5.57
中型	6.31	5.78	5.61
重型	4.87	4.14	3.77

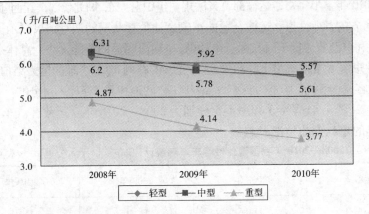

图4-5　营运载货汽车单耗变化趋势图

综上所述,虽然近年来我国营运性道路运输车辆的单耗基本上维持在一个稳定的水平,但同国外道路运输行业能源消耗水平相比仍有一段距离,道路运输车辆技术和组织管理水平亟待提高。

第二节　营运车辆新车燃料消耗量

为了了解我国营运车辆的单车燃料消耗量现状,项目组历时两年对一百多种车型的营运车辆新车进行了调查和试验工作,统计了不同类型营运车辆的燃料消耗量。

一、客车

我国营运客车通常运行在城乡间的公路上,其运行工况的特点为车速较高且稳定,通常保持在70～100km/h。其中,大型客车多运行在高速公路上,平均车速较高,一般能达到80～100km/h。因此,选取80km/h等速百公里油耗来作为我国营运客车的燃料消耗水平的比较标准。

1. 特大型客车

图 4-6 所示为部分特大型客车的等速百公里油耗。我国生产特大型客车的汽车企业较少,在调查和研究中只收集到少量的数据。特大型客车(车长 $L>12m$)80km/h 等速百公里油耗为 $22\sim24L/100km$,分布相对比较集中。

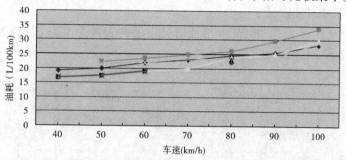

图 4-6 特大型客车($L>12m$)等速油耗曲线

2. 大型客车

大型客车是我国城间客运车辆的主体,生产数量大,市场占有率高,因此统计样本是所有数据中最为丰富的。图 4-7~图 4-9 所示为不同车长下的我国部分大型客车的等速百公里油耗。

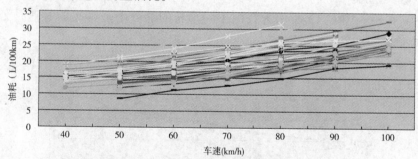

图 4-7 $11m<L\leqslant12m$ 客车等速油耗曲线

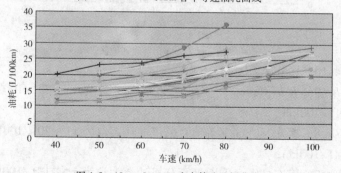

图 4-8 $10m<L\leqslant11m$ 客车等速油耗曲线

从图4-7~图4-9中可以看出：

11m<L≤12m客车，80km/h等速百公里油耗大致为17~27L/100km，油耗均值为21.23L/100km；

10m<L≤11m客车，80km/h等速百公里油耗大致为16~25L/100km，油耗均值为20.68L/100km；

9m<L≤10m客车，80km/h等速百公里油耗大致为17~23L/100km，油耗均值为19.96L/100km。

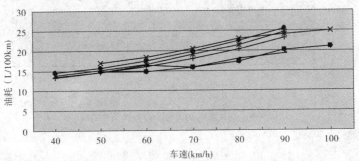

图4-9　9m<L≤10m客车等速油耗曲线

3. 中型客车

图4-10~图4-12所示为我国不同车长的部分中型客车的等速百公里油耗。

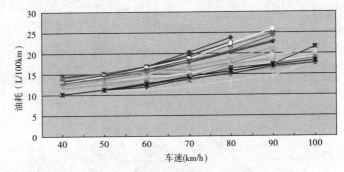

图4-10　8m<L≤9m客车等速油耗曲线

从图4-10~图4-12中可以看出：

8m<L≤9m客车，80km/h等速百公里油耗大致为15~23L/100km，油耗均值为17.91L/100km；

7m<L≤8m客车，80km/h等速百公里油耗大致为11~20L/100km，油耗均值为17.74L/100km；

6m<L≤7m客车，80km/h等速百公里油耗大致为14~18L/100km，油耗均

值为 16.33L/100km。

4. 小型客车

图 4-13 我国部分小型客车等速百公里油耗的结果。其中 80km/h 等速百公里油耗大致为 14~17L/100km，油耗均值为 15.54L/100km。

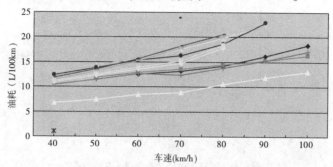

图 4-11　7m<L≤8m 客车等速油耗曲线

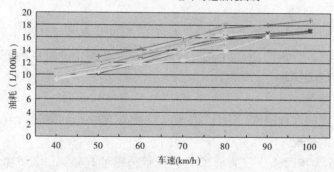

图 4-12　6m<L≤7m 客车等速油耗曲线

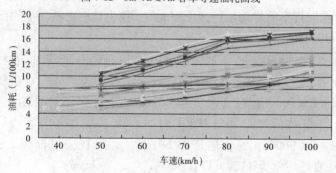

图 4-13　L≤6m 客车等速油耗曲线

图 4-14 统计得到的我国部分客车 80km/h 等速百公里油耗随着客车车身长度的变化情况。从图 4-14 中可以看出，随着车身长度的增加，等速百公里油

耗呈现出逐渐增加的趋势,而且两者之间具有较好的线性关系。

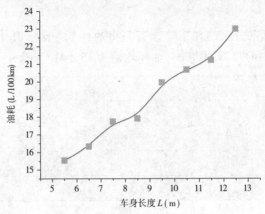

图 4-14 客车等速油耗与车身长度的关系

二、货车

货车按照结构和功能可以分为普通货车、自卸货车和半挂汽车列车。三种类型的货车在运行条件、用途上均有很大的区别,燃料消耗量也相差很大,因此进行了单独的统计。

1. 普通货车

参照日本的油耗限值标准,以汽车总质量 2t 为一个间隔进行分类,调查其燃料消耗量的情况。

图 4-15 为我国部分普通货车的等速百公里油耗结果。汽车总质量 T 在 $13\sim15t$、$17\sim19t$、$21\sim23t$、$27\sim29t$ 的车型很少,在调研过程中未收集到相关等级的数据。选取货车的常用运行速度 60km/h 作为其燃料消耗量的比较标准。

从图 4-15 中可以看出:

$3500kg < T \leq 5000kg$ 的普通货车 60km/h 等速百公里油耗大致为 $9\sim10L/100km$,油耗均值为 9.82L/100km;

$5000kg < T \leq 7000kg$ 的普通货车 60km/h 等速百公里油耗大致为 $10\sim12L/100km$,油耗均值为 11.05L/100km;

$7000kg < T \leq 9000kg$ 的普通货车 60km/h 等速百公里油耗大致为 $11\sim12L/100km$,油耗均值为 11.83 L/100km;

$9000kg < T \leq 11000kg$ 的普通货车 60km/h 等速百公里油耗大致为 $12\sim16 L/100km$,油耗均值为 13.93 L/100km;

$11000kg < T \leq 13000kg$ 的普通货车 60km/h 等速百公里油耗集中在 $12\sim$

17L/100km,部分车辆油耗可达22L/100km,油耗均值为15.74L/100km;

15000kg<T≤17000kg的普通货车60km/h等速百公里油耗大致为16~20L/100km,油耗均值为19.16L/100km;

19000kg<T≤21000kg的普通货车60km/h等速百公里油耗主要集中在18~23L/100km,油耗均值为19.86L/100km;

23000kg<T≤25000kg的普通货车60km/h等速百公里油耗大致为20~24L/100km,油耗均值为21.19L/100km;

25000kg<T≤27000kg的车型较少,汽车总质量在这一范围的普通货车60km/h等速百公里油耗大致在27L/100km左右,油耗均值为27.13L/100km;

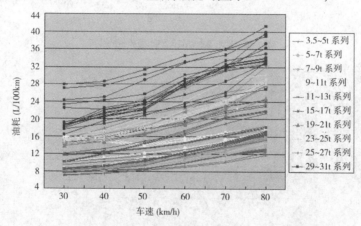

图4-15 货车等速油耗曲线

29000kg<T≤31000kg的车型60km/h等速百公里油耗分布范围较大,其均值为28.65L/100km。

图4-16示出了统计得到的我国部分普通货车60km/h等速油耗随汽车总质量的变化情况。从图4-16中可以看出,随着汽车总质量的增加,等速油耗快速增加,而且质量超过25t后,油耗明显比低吨位车辆的油耗大很多。

2. 自卸货车

采用相同的质量划分方法,统计得到的我国部分自卸货车的等速百公里油耗的结果如图4-17所示。自卸汽车一般能达到的最高行驶速度为70km/h,因此选取运行速度为50km/h的等速百公里油耗进行分析。

从图4-17中可以看出:

3500kg<T≤5000kg的自卸货车50km/h等速百公里油耗大致为9~12L/100km,油耗均值为11.27L/100km;

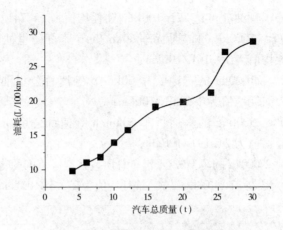

图4-16 货车等速油耗与汽车总质量的关系

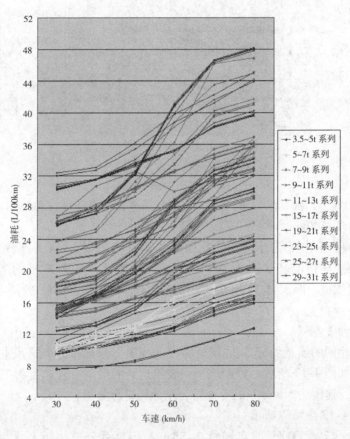

图4-17 自卸货车等速油耗曲线

5000kg<T≤7000kg 的自卸货车 50km/h 等速百公里油耗大致为 12~15L/100km,油耗均值为 12.86L/100km;

7000kg<T≤9000kg 的自卸货车 50km/h 等速百公里油耗大致为 15~17L/100km,油耗均值为 16.78L/100km;

9000kg<T≤11000kg 的自卸货车 50km/h 等速百公里油耗大致为 17~18L/100km,油耗均值为 17.38L/100km;

11000kg<T≤13000kg 的自卸货车 50km/h 等速百公里油耗集中在 18~21L/100km,油耗均值为 18.54L/100km;

15000kg<T≤17000kg 的自卸货车 50km/h 等速百公里油耗大致为 19~22L/100km,油耗均值为 21.54L/100km;

19000kg<T≤21000kg 的自卸货车 50km/h 等速百公里油耗主要集中在 23~25L/100km,油耗均值为 23.65L/100km;

23000kg<T≤25000kg 的自卸货车 50km/h 等速百公里油耗大致为 22~30L/100km,部分车型的燃料消耗量能到 30L/100km 以上,油耗均值为 25.92L/100km;

25000kg<T≤27000kg 的自卸货车 50km/h 等速百公里油耗大致为 30L/100km,油耗均值为 30L/100km;

29000kg<T≤31000kg 的自卸货车 50km/h 等速百公里油耗为 32~36L/100km,油耗均值为 32.41L/100km。

图 4-18 示出了统计得到的我国部分自卸货车 50km/h 等速油耗随汽车总质量的变化情况。从图 4-18 中可以看出,随着汽车总质量的增加,油耗显著增加,而且由于自卸货车工作环境的特殊性,其油耗普遍比普通货车的高。

3. 半挂汽车列车

从调研的情况看,我国的半挂汽车列车主要有四种类型:①两轴牵引车和一轴挂车组成的汽车列车;②两轴牵引车和两轴挂车组成的汽车列车;③具有五轴的汽车列车;④具有六轴的汽车列车。

国内牵引车及挂车制造企业的技术水平相差无几。经分析,具有同样轴数的汽车列车总质量比较接近,不同轴数的汽车列车总质量相差较大。项目组同样沿用之前的分析方式对半挂汽车列车进行等速油耗曲线的分析。

图 4-19 示出了部分半挂汽车列车的等速百公里油耗。

在对调研所获得的半挂汽车列车的数据进行分析时,发现半挂汽车列车在行驶过程中最高速度一般在 80km/h 左右,故选取 60km/h 的等速百公里油耗作为比较的标准。由于半挂汽车列车的质量比较大,因此稍微调整了一下各质

量区间,对其在速度为60km/h的时候进行等速百公里油耗分析如下:

$T \leqslant 27000$kg的半挂汽车列车60km/h的等速百公里油耗为22~30L/100km,油耗均值为28.14L/100km;

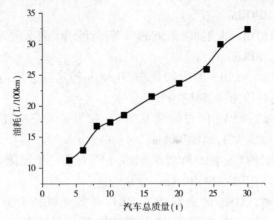

图4-18 自卸货车等速油耗与汽车总质量的关系

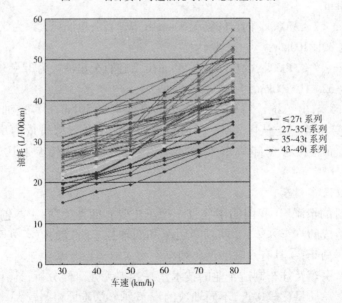

图4-19 半挂汽车列车的等速油耗曲线

27000kg $< T \leqslant$ 35000kg的半挂汽车列车60km/h的等速百公里油耗为28~35L/100km,油耗均值为31.84L/100km;

35000kg $< T \leqslant$ 43000kg的半挂汽车列车60km/h的等速百公里油耗为30~38 L/100km,油耗均值为32.70L/100km;

43000kg < T ≤ 49000kg 的半挂汽车列车车型比较多，60km/h 的等速百公里油耗为 30 ~ 45L/100km，油耗均值为 37.29L/100km。

图 4-20 示出了我国统计的部分汽车列车的 60km/h 等速油耗随汽车总质量的变化情况。从图中可以看出，随着汽车总质量的增加，油耗逐渐增加。但汽车列车油耗随总质量的增加幅度远小于普通货车或自卸货车，说明采用列车的运输方式能够有效提高货物运输的效率，减少单位质量货运的油耗。

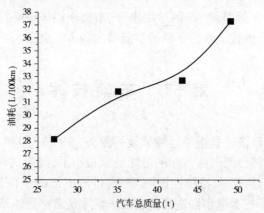

图 4-20　半挂汽车列车等速油耗与汽车总质量的关系

第五章 营运车辆节能潜力分析

本章通过对车辆技术、车辆运用水平、车辆使用环境等对汽车燃料消耗量影响的研究,来分析我国营运车辆的节能潜力和节能途径。

第一节 车 辆 技 术

汽车的燃油经济性是道路运输节能的源头。汽车一旦出厂成为在用车,再为了改善燃油经济性而改造汽车的可能性就很小了,因为这样做不仅在技术上要破坏原有的设计,带来驾驶性能或安全、排放方面的负面影响,而且也不经济,因此通过汽车技术进步制造高能效的车辆才是道路运输节能的根本出路。

目前,我国大部分营运汽车是国产车辆,车辆技术水平普遍落后,百公里油耗比发达国家高15%~20%。在第四章营运车辆燃料消耗量现状分析可以看出,国内不同汽车生产企业生产的同类型车辆的燃料消耗量也相差10%以上,因此我国道路运输车辆节能潜力很大。

1)提高发动机热效率

电控技术在汽车上的应用给内燃机带来了历史性的变革。汽油发动机采用缸内直接喷射电子技术可以降低10%左右的燃料消耗,而柴油发动机采用电子控制的共轨技术后热效率可达到45%,能有效地降低燃料消耗量。

2)车身轻量化

减小汽车自身质量是汽车降低油耗、减少排放的最有效措施之一。一般而言,自重减轻10%,可降低油耗约8%。因此要开发和应用铝合金、镁合金、高强度钢、车用塑料等新型材料,大大减轻车体的自重。

3)降低附属设备能耗

降低附属设备能耗同样是汽车节能技术的一个重要组成部分。如使用汽车空调要消耗10%~12%的发动机功率,增加10%~20%的油耗,采用新型高效压缩机取代传统往复活塞式压缩机,可取得节能30%的效果。

4)回收利用制动能量

开发、使用储能系统来吸收或释放汽车制动能,使发动机在最佳经济区域内工作,这种混合动力系统可降低汽车油耗10%~50%。

5)降低行驶阻力

汽车在道路上行驶的阻力包括滚动阻力和空气阻力。研究表明,汽车以一般车速行驶时,20%~30%的发动机功率消耗在空气阻力上。空气阻力与车辆的外形密切相关。据分析,流线型造型可以有效减小汽车行驶中的空气阻力。此外,车轮的滚动阻力除了与道路条件有关外,主要与车体质量、轮胎结构有关。据统计,30%~40%的发动机功率消耗在轮胎的滚动阻力上。子午线轮胎是一种新型节能轮胎,它的滚动阻力系数比普通的斜交轮胎小20%~30%,使用子午线轮胎可节省3%~8%的燃油。目前,轮胎的发展方向是高气压化,胎压的提高可进一步降低车辆油耗。

6)整车动力和传动系统匹配

对汽车与发动机根据不同使用环境条件进行优化匹配,可使汽车在相应的运输环境下具有良好的技术性能。首先,发动机的功率应与整车质量匹配,避免"大马拉小车"或"小马拉大车"导致车辆行驶油耗的上升;其次,要优化汽车传动系速比,要根据汽车的行驶环境确定合理的经济车速,如长期在高速公路行驶的车辆,应提高其经济车速等。

第二节　车辆运用水平

车辆运用水平包括车辆驾驶水平、车辆技术状况的保持水平、运输组织水平等,车辆的运用水平直接影响道路运输的能源利用效率。

1. 车辆驾驶水平

不同驾驶员驾驶同一辆车的油耗水平可相差30%左右,究其原因,关键在于驾驶技术。目前,我国汽车驾驶员的培训缺乏系统性、科学性,营业性车辆驾驶员职业培训、轮训、专项培训均没有得到有效重视,缺少对车辆操作技能的全面研究,缺少专门的节能驾驶技术培训。

要搞好节油驾驶操作,首先要掌握基本的汽车驾驶操作规范,做好车辆维护,包括针对节能要求的各项调整维护,发现故障及时修理,确保汽车处于完好的技术状况。此外,必须坚决改掉不符合规范的费油操作习惯,然后根据具体车况、路况灵活运用各种节油操作技能。这样,就会达到良好的节油效果。

汽车驾驶操作一般可分为13个环节:①发动机起动;②发动机升温运转;③汽车起步;④汽车换挡变速;⑤汽车加速;⑥汽车减速;⑦车速选择与控制;⑧行车温度控制;⑨汽车滑行;⑩车道选择;⑪汽车转向;⑫汽车制动;⑬停车熄

火。在这 13 个环节中对油耗影响较大的操作有:发动机起动升温、汽车起步加速、换挡变速、离合器运用、加速踏板控制、车速控制、行车温度控制、汽车减速等方面。如果驾驶员在行车全过程,能够在每项操作中充分运用节油操作技术,必将收到丰厚的经济效益。

2008 年交通运输部公路科学研究院与江苏省交通运输厅运输管理局等单位开展了汽车驾驶节能技术研究,归纳总结出汽车驾驶节能原理;结合汽车发动机及整车燃料消耗量试验,从驾驶操作、车辆维护、车型选择三个方面探索研究了现代汽车驾驶节能技术与方法,梳理出驾驶员应做到的"车况正常、心态平和、路线最佳、平稳起步、及时升挡、车机同热、挡位准确、转速最优、切忌高速、操控平顺、直线等速、预见驾驶、合理空调、长停熄火、入位准确"驾驶节能操作准则;在此基础上制定了交通运输行业标准 JT/T 807—2011《汽车驾驶节能操作规范》。江苏省镇江江天汽运集团有限责任公司、安徽省合肥汽车客运总公司等许多骨干道路运输企业自觉开展了汽车驾驶节能操作经验推广应用工作,在交通运输行业起到了节能示范效应。

实践表明,经过节油驾驶操作技术培训后的驾驶员,一般可节油 2%~12%:原来操作技能较好的驾驶员可节油 2%~4%,原来操作技能中等的驾驶员可节油 4%~7%,原来操作技能较差的驾驶员可节油 7%~12%。

2. 车辆技术状况的保持水平

随着车辆使用时间的增长,车辆技术状况不可避免地要变差,出现各种故障,汽车油耗也将随之增加。汽车发动机技术故障对汽车油耗的影响见表 5-1。

汽车发动机技术故障对汽车油耗的影响 表 5-1

发动机技术故障名称	故障造成的油耗增加率(%)
空气滤清器和进气管被堵塞	4.5
因汽缸活塞组和气门密封不严、活塞环烧蚀、汽缸垫损坏造成汽缸漏气	4
点火提前角比正常点火角度推迟 5°	7
电极烧坏或间隙脏污	8
8 缸发动机 1 个火花塞失灵	15
6 缸发动机 1 个火花塞失灵	25

除汽车发动机故障外,汽车底盘部分的技术状况变差,如减速器、制动器、轴承出现故障,前束调整不当,轮胎气压不足等,也会导致汽车油耗大幅度增加。在汽车行驶过程中,发动机冷却系统温度过高或过低也会使汽车油耗上升 12%~15%。因此,适时进行车辆的维护、检测,对保持车辆技术状况、降低燃

料消耗、提高能源利用效率都起着非常关键的作用。

当然,车辆的使用寿命是有限的,如果一味地靠维修来延长车辆使用周期是不符合科学规律的。目前,在现役的营运车辆中,存在约25%的老旧车辆,其油耗比正常车况车辆要高出5%~30%,及时更新这些车辆无疑是对道路运输节能的贡献。此外,节能产品、技术的应用可直接降低车辆的燃油消耗。

3. 运输组织水平

据统计,车辆的实载率提高1%、3%和5%分别可使车辆单耗降低3%、7.5%和15%。因此提高运输组织水平、提高车辆实载率是降低道路运输能耗、降低运输燃料成本的有效途径。

目前我国道路运输市场经营主体数量过多、规模过小,缺少带动行业技术进步的区域或全国性的大型运输企业或集团,并且运输生产组织化程度低,货运基本处于单车单放状态,运输信息不畅,运输效率低下,直接导致运输车辆的里程利用率和实载率不高。欧洲国家的汽车运输实载率达70%~80%,而我国货运仅50%左右。欧洲的货运主体是厢式运输和大集装箱运输,而我国的货运主体是各种轻型货车及农用车。

显然,只有通过引导运输企业向规模化方向发展,建立以国家道路运输枢纽为货运节点的道路货运信息服务系统,才能实现道路货运信息共享;只有加强对现代物流发展的指导,引导道路运输扩展仓储、配送等运输功能和服务范围,建立完善的现代化物流体系,为我国道路货运中、小型企业提供社会化的货物配载、交易及其他的信息服务等手段,才能切实可行地提高运输的实载率和里程利用率,有效降低道路运输能源消耗。

第三节　车辆的使用环境

汽车燃料消耗量与车辆的使用环境有着密切的关系。车辆使用环境是指道路条件、气候条件及交通环境。

1. 道路条件

道路条件是指道路的几何条件和路面特性,如纵坡,路面平整度等。一般对纵坡大、路面平整度差的公路,汽车完成同样的运量要比纵坡小、平整度好的道路消耗更多的燃料。

国家标准GB/T 4352—2007《载货汽车运行燃料消耗量》和GB/T 4353—2007《载客汽车运行燃料消耗量》都给出了不同等级道路对车辆油耗的修正系数。标准中将各类道路按等级分为6个类别,见表5-2。以1类道路上行驶车辆的油耗为基数,其他类别道路的油耗修正系数 k_r(汽车运行在某类道路上的燃料消耗量与 1 类道路上燃料消耗量的比值)见表 5-3,其中 2 类道路上行驶的油耗比 1 类道路要提高 10%,3 类道路要高 25%,4 类道路高 35%,5 类道路高 45%,6 类道路高 70%。可见道路等级和纵坡的改善,都能有效降低车辆的燃料消耗量。

道 路 分 类 表　　　　　　　　　　表 5-2

道路类别	公路等级	城市道路等级
1 类道路	平原、微丘一、二、三级公路	—
2 类道路	平原、微丘四级公路	平原、微丘地形的一、二、三、四级道路
3 类道路	山岭、重丘一、二、三级公路	重丘地形的一、二、三、四级道路
4 类道路	平原、微丘级外公路	级外道路
5 类道路	山岭、重丘四级公路	—
6 类道路	山岭、重丘级外公路	—

油耗的道路修正系数　　　　　　　表 5-3

道路类别	1 类道路	2 类道路	3 类道路	4 类道路	5 类道路	6 类道路
k_r	1.00	1.10	1.25	1.35	1.45	1.70

道路条件对汽车燃油经济性的影响主要体现为各种路面滚动阻力系数的差异,如表 5-4 所示,滚动阻力系数将线性影响滚动阻力,进而影响汽车的燃油消耗率。道路等级越高,路面条件越好,滚动阻力系数越小,汽车滚动阻力也越小,汽车克服滚动阻力所需的燃油消耗量也就越少。

各种路面滚动阻力系数 f 的取值　　　　表 5-4

路 面 类 型	滚动阻力系数	路 面 类 型	滚动阻力系数
良好的沥青或混凝土路面	0.010~0.018	压紧土路(雨后的)	0.050~0.150
一般的沥青或混凝土路面	0.018~0.020	泥泞土路(雨季或解冻期)	0.100~0.250
碎石路面	0.020~0.025	干砂路	0.100~0.300
良好的卵石路面	0.025~0.030	湿砂路	0.060~0.150
坑洼的卵石路面	0.035~0.050	结冰路面	0.015~0.030
压紧土路(干燥的)	0.025~0.035	压紧的冰雪路面	0.030~0.050

此外,道路条件影响到汽车的行驶速度,而行驶速度又能影响油耗。图 5-1 为油耗与车速的关系,从图中可以看出车速对油耗的影响很大,车速过高或过低都能引起油耗升高,只有在经济车速下才能达到最低油耗。

发动机在负荷为 80%~90% 时热效率最高。从发动机特性曲线(图 5-2)可以看出:有效燃料消耗率 g_e 的最小值既不在高速区,也不在低速区,而是处在某一中间转速。由于发动机处于某一挡位时，车速与发动机转速成正比，因此只有在某个中等车速即经济车速时其燃油消耗量才最低。而道路环境条件较差时，汽车行驶速度较低，不能使汽车在经济车速下运行。

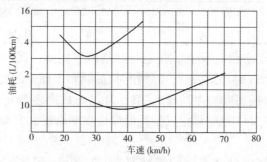

图5-1　油耗与车速的关系

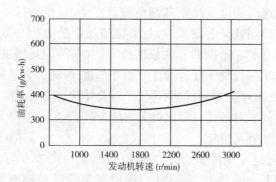

图5-2　发动机在全负荷时油耗率与转速的关系

2. 气候条件

在国家标准 GB/T 4352—2007《载货汽车运行燃料消耗量》和 GB/T 4353—2007《载客汽车运行燃料消耗量》中给出了不同气温和海拔高度对车辆油耗的修正系数。标准中的气温是指气象台（站）公布的当地月平均气温，分为六个区间，海拔高度分为五个区间，具体见表5-5和表5-6。

油耗的气温修正系数　　　　　　　　　　　　　　表5-5

月平均气温 t（℃）	>28	5~28	-5~5	-15~-5	-25~-15	<-25
气温修正系数 k_t	1.02	1.00	1.03	1.06	1.09	1.13

气温修正系数 k_t 是指汽车运行在某月平均气温区间时的燃料消耗量与在月平均气温为5~28℃时（其他运行条件相同）的燃料消耗量的比值。从表5-5中可以看出，当温度高于28℃时其油耗的气温修正系数为1.02；当气温-25~

5℃时随着气温的降低,油耗的气温修正系数逐渐升高;当降低-25℃以下时油耗的气温修正系数统一规定为1.13。

油耗的海拔高度修正系数　　　　表5-6

海拔高度 h(m)	≤500	500~1500	1500~2500	2500~3500	>3500
k_h	1.00	1.03	1.07	1.13	1.20

海拔高度修正系数 k_h 是指汽车运行在某海拔高度区间的燃料消耗量与海拔高度不高于500m时(其他运行条件相同)的燃料消耗量的比值。从表5-6中可以看出,随着海拔高度的逐渐增加,其油耗的海拔高度修正系数也相应有所升高,当海拔高于3500m时规定其油耗的海拔高度修正为1.45。

3. 交通环境

道路交通拥挤将造成车辆频繁减速、加速、停车、起步。汽车在加速过程中,会使发动机处于不稳定的工作状态,克服汽车的惯性所消耗的燃油将大大增加。汽车在减速时通过发动机和制动装置制动,将消耗掉一部分能量,这些会使汽车实际燃油消耗显著增加,而且油耗增加值的大小与减速、加速过程中速度变化的幅度有关。速度的变化幅度越大,汽车的油耗增加越显著,同时道路交通拥挤使汽车的行驶速度远远低于经济车速,油耗大大增加。

据统计分析,道路交通流密度不同,燃料消耗量会出现10%~12%的变化;车辆在夜间行驶的燃料消耗量要比白天增加3%~5%;在路面等级低的郊区行驶也会相应地增加燃料消耗。

综上所述,营运车辆的节能潜力很大,以车辆生产技术与市场管理相结合的方式充分挖掘营运车辆的节能潜力,适时制定营运车辆燃料消耗量限值标准,是贯彻落实节能法,推动交通运输行业节能减排的必由之路。

第六章 营运车辆燃料消耗量测试方法

从事道路运输的营运车辆主要由中重型车辆构成,包括客运车辆和货运车辆。采用现有针对轻型车的燃料消耗量评价方法,并不能真实反映车辆的实际燃料消耗水平,因此,必须针对我国营运车辆的运行特征,建立科学的燃料消耗量评价方法。

第一节 营运车辆运行特征分析

为较真实地反映出在用营运车辆的运行特征,必须对营运车辆的运行工况进行研究分析,科学合理地评价营运车辆的燃料消耗量。项目组对全国重点客货运企业进行了广泛调查,获取了我国道路运输营运车辆实际运行工况的第一手资料。调查分为两个层面:一是调查我国道路运输客货运企业的车辆结构,车辆运行道路类型以及车辆运行时间等;二是调查在典型线路上行驶的车辆GPS记录数据(速度—时间)。通过对调查数据的分析,提取我国道路运输车辆的典型运行特征。

1. 营运车辆运行 GPS 数据的处理方法

由于 GPS 记载的主要是车辆连续运行的时间—速度曲线,为了简化这条连续变化的曲线,研究中首先界定了三种典型工况,即怠速工况、稳态工况、瞬态工况,具体条件为:

怠速工况:速度和加速度均为零时,为怠速工况;

稳态工况:速度不为零,且加速度的绝对值小于 $0.15 m/s^2$ 时,为稳态工况(匀速工况);

瞬态工况:速度不为零,且加速度的绝对值大于或等于 $0.15 m/s^2$ 时,为瞬态工况。其中,正加速度大于或等于 $0.15 m/s^2$ 时,为加速工况;负加速度小于或等于 $0.15 m/s^2$ 时,为减速工况。

GPS 数据分段后,对各种工况下的时间进行累加分析,并利用统计得到各运行工况下的时间占比指标来反映营运车辆的实际运行特征。

下面以一组 12m 的高级客车(总质量为 15780kg,最高车速是 120km/h)

GPS 数据为例,详细说明其实际运行特征的确定过程:

研究发现,在一次完整运输任务中,车辆在市区道路上运行的时间仅占到全部运行时间的 5%,在这 5% 的绝大部分时间里为瞬态和怠速工况,而在其余 95% 的时间里是在普通公路或高速公路上行驶。由于营运车辆不包括城市公交车和出租汽车,因此大部分时间在公路上行驶就成为营运车辆实际运行突出特点。为了摸清营运车辆在公路上的运行工况,项目组对该车在城市以外公路上运行的工况进行了分析。

图 6-1 示出了 GPS 采集的一段高速公路运行工况。从图中可以看出车辆在高速公路上的运行工况比较单一,车辆运行的速度大多保持在经济车速或稍高于经济车速,运行比较平稳,加速、减速的变工况情况较少,大部分时间以匀速状态行驶。

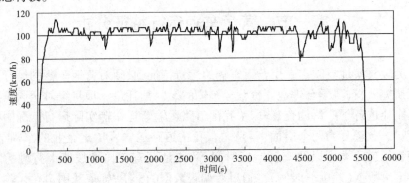

图 6-1　高速公路班线客车运行工况

通过以上处理发现,此类车辆在高速公路上行驶时,约 90% 的时间处于匀速行驶状态,剩下 10% 的时间处于加速和减速状态,具体情况见图 6-2。

图 6-3 中统计了不同速度区间内匀速工况所占的时间比例。由图中可以看出,此客车在高速公路线路上的行驶速度范围主要为 80~120km/h,低速和最高速的速度区间所占的比例很小,对此类车型的典型运行工况可以只考虑 40~120km/h 速度区间。因此,项目组提出了采用 50km/h、60km/h、70km/h、80km/h、90km/h、100km/h 这 6 个典型速度配合权重系数的方法来代表此类车辆的运行工况的方法,其中权重系数由上表中统计得到的速度区间所占比例来确定。

2. 营运车辆实际运行特征

项目组对辽宁、江苏、广东、福建、山西、青海、云南等省的 12 个大型客运公司近 80 个班线的 1576 辆营运客车的数据进行了统计分析。结果显示,90% 以上营运客车的运行时间为稳态工况;所不同的是,在高速公路上行驶的平均速度偏高,其中90～120km/h的时间占比较高,而在城乡公路上行驶的平均速度偏低,60～80km/h的时间占比较高。由于目前营运货车的经营主体较为分散,个体运输户车辆居多,因此很难大范围收集车辆的GPS数据。但考虑到无论经营方式如何车辆,都是要在道路上行驶,而且在同一条道路行驶时,其运行工况应该基本相同。因此,对于营运货车,项目组在部分规模较大的危货运输企业进行了调查。计算结果显示,营运货车同样以稳态工况运行为主,只是平均车速低于客车,60～80km/h的时间占比较高。

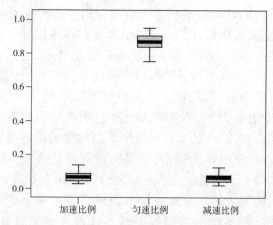

图6-2 大型高级客车高速公路运行工况时间比例

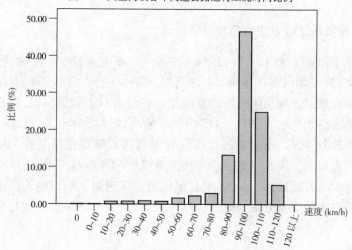

图6-3 大型高级客车高速公路运行速度时间比例

基于上述分析,项目组认为营运车辆燃料消耗量限值指标的测量工况宜采用稳态工况。

第二节 营运车辆燃料消耗量测量方法

一、等速油耗道路试验方法的确定

营运车辆的燃料消耗量限值标准是营运车辆油耗准入制度的主要技术依据。因此,对其油耗数据的检测需要由国内的相关权威检测机构来完成,这就需要试验方法操作简单,便于掌控,重复性和再现性好;而且作为法规检测,应尽量降低试验成本。营运车辆主要是中重型车辆,通过对实车道路法、底盘测功机法和模拟计算法等三种测试方法的分析可知:底盘测功机法测量操作容易控制、重复性好,但对模拟工况的设定要求高,且设备昂贵,目前国内仅个别制造企业有此设备,不具备大量进行法规检测的条件;至于模拟计算法,则需要发动机相关数据,如果对每个车型的发动机参数进行逐一测量,无疑大大增加了试验量及试验成本,如果由汽车制造企业自行申报,因这些参数为技术机密,企业不愿提供,也难免会虚报,因此本方法也不适合法规试验。最终,项目组确定采用实车道路法来测量营运车辆等速油耗,并提出了基于等速百公里油耗加权平均值的燃料消耗量评价指标——综合燃料消耗量。

二、等速油耗试验方法的完善

现行的国家标准 GB/T 12534—1990《汽车道路试验方法通则》和 GB/T 12545.2—2001《商用车辆燃料消耗量试验方法》对等速油耗道路试验的程序都有相关规定。项目组依据标准规定的方法进行了验证试验,发现现行标准中规定的道路条件较为宽松,对试验结果的再现性影响较大,且现行标准对试验车辆的轮胎、挡位、车辆附属设施设置等直接影响试验结果的关键试验条件均未作明确规定。因此这些试验方法的重复性和再现性较差,不适合将其作为法规试验方法直接应用。为此,项目组凭借多年道路试验的经验提出了一整套关于试验方法的完善方案,并按完善后的试验方法进行了重复性与再现性验证试验。

1. 试验条件
1) 试验道路

试验道路应为平直路,路面应清洁、干燥、平坦,用沥青或混凝土铺装;试验路长度应满足 GB/T 12545.2—2001 的测量需要;纵向坡度在 0.1% 以内;测试路段长度为 500m。

2)气象条件

环境温度、湿度与风速等外部气象条件对汽车油耗的影响也非常大。

温度对汽车燃油经济性的影响并不是简单的比例关系。环境温度高于常温时,温度对于汽车的影响相对比较稳定,而低温使得车辆需花更长时间预热发动机,导致燃油消耗量增加。

雨天会因路面潮湿使附着系数降低,易造成轮胎打滑而使汽车燃油消耗量增加。

风力、风向直接影响汽车的空气阻力,进而影响汽车燃油消耗量。

试验时应符合 GB/T 12534—1990 的规定:无雨无雾天气;相对湿变小于95%;气温为 0~40℃;风速不大于 3m/s。

3)试验仪器

汽车进行道路油耗试验时,需要测量试验车的速度与单位时间内体积燃料消耗量。车辆里程表虽然能够指示行驶速度,但由于受到轮胎滚动半径变化、机械传递系统磨损、指示仪表本身精度不高等因素的影响,使其显示精度不能满足试验要求。因此,需要用专门仪器(车速测量仪)测量汽车行驶过程的车速。单位时间内体积燃料消耗量可以通过燃料流量计来测得。

试验时试验仪器的精度要求如下:

车速测量仪器:精度为 0.5%;

燃料流量计:精度为 0.5%;

计时器:最小分度值为 0.1s。

2. 试验车辆准备

1)试验车辆基本要求

试验车辆清洁、装备完整、轮胎气压、燃料、润滑油(脂)、制动液等应符合 GB/T 12534—1990 及车辆制造厂的规定。试验前应按表 6-1 和表 6-2 所列项目核查,记录试验样车的生产厂名、牌号、型号、发动机号、底盘号、各主要总成号和出厂日期等,其外廓尺寸应符合 GB 1589—2004 规定。

2)轮胎

轮胎结构对滚动阻力影响很大,汽车用于克服滚动阻力的能耗约占14.4%。不同轮胎的滚动阻力不同,在斜交胎、带束斜交胎、子午线三种基本形式的轮胎中,以子午线轮胎滚动阻力最小,子午线轮胎较斜交胎省油 4%~10%。同时,轮胎气压较低时滚动阻力较大,因此轮胎气压偏低可能导致车辆实测油耗与理论油耗差异。

客车核查项目 表6-1

客车生产企业			
产品名称		商标	
产品型号		公告批次	
车辆识别代号(VIN)		出厂日期	
底盘ID号		发动机型号	
底盘型号		发动机排量/功率（mL/kW)	
底盘生产企业		发动机生产企业	
轮胎规格		前/后轮胎数	
悬架形式		驱动形式	
燃料种类		排放标准	
轴数		钢板弹簧片数(前/后)	
外形尺寸 (mm)	长	载客人数(人)	
	宽	总质量(kg)	
	高	整备质量(kg)	
满载轴荷(kg)		满载最高车速(km/h)	

货车核查项目 表6-2

货车生产企业			
产品名称		商标	
产品型号		公告批次	
车辆识别代号(VIN)		出厂日期	
底盘ID号		发动机型号	
底盘型号		发动机排量/功率(mL/kW)	
底盘生产企业		发动机生产企业	
轮胎规格		前/后轮胎数	
悬架形式		驱动形式	
燃料种类		排放标准	
轴数		钢板弹簧片数(前/后)	
外形尺寸 (mm)	长	总质量(kg)	
	宽	整备质量(kg)	
	高	额定载质量(kg)	
货厢栏板内尺寸[a] (mm)	长	驾驶室准乘人数	
	宽	满载轴荷(kg)	
	高	满载最高车速(km/h)	
自卸车倾卸方式[a]		载质量利用系数[a]	
牵引车鞍座最大允许承载质量[a](kg)		准拖挂车总质量[a](kg)	
标记有"a"的表示本项目为对应相应类别车型的核查项目，非此类别车型可不核查该项目			

鉴于营运汽车可以选装不同形式的轮胎,试验条件对轮胎的要求是:当车辆可选装斜交轮胎及子午线轮胎时,应装用斜交轮胎进行试验;当车辆可选装不同直径轮胎时,应装用直径小的轮胎进行试验;当车辆在同一轮胎直径下可选装不同宽度轮胎时,应装用宽度大的轮胎进行试验。

3)试验车辆配载

试验是在汽车满载状态下进行。汽车满载时,车辆的轴荷应符合要求。

3. 试验操作的控制

1)空调设置

空调对汽车油耗有明显影响,油耗试验均要求在空调关闭的状态下进行。在实际行驶状态下,把空调置于最高挡比将其关闭时耗油多5%～25%。

因此,试验时应关闭车窗、驾驶室通风口及空调,只允许为驱动车辆所需的设备工作。

2)挡位设置

手动变速器车辆应置于最高挡或次高挡(当最高挡不能满足等速需要时采用次高挡),自动变速器车辆应置于前进挡,在各试验名义车速下,保持车辆平稳行驶至少100m后,等速通过500m的试验路,测量车辆通过该路段的时间和燃料消耗量。

3)试验速度的控制

普通货车试验名义车速分别为:40km/h、50km/h、60km/h、70km/h、80km/h;自卸车试验车速为:30km/h、40km/h、50km/h、60km/h、70km/h。

客车中各类高级车试验车速分别为:50km/h、60km/h、70km/h、80km/h、90km/h、100km/h;各类中级和普通级车的试验名义车速分别为:40km/h、50km/h、60km/h、70km/h、80km/h。

在试验中,每个试验车速应在测试路段上往返测量各二次;每次试验的平均速度与规定试验速度之差不得超过2km/h。

4. 试验数据重复性检验

等速百公里油耗的试验结果须经重复性检验。

1)标准差

第95百分位分布的标准差与重复性次数 n 有关,见表6-3。

标准差与重复系数的关系　　　　　表6-3

n	1	2	3	4	5
$R(\text{L}/100\text{km})$	$0.052\bar{Q}$	$0.063\bar{Q}$	$0.069\bar{Q}$	$0.073\bar{Q}$	$0.085\bar{Q}$

注:$\bar{Q}$ 为每项试验时,n 次试验所测得的燃料消耗量的算术平均值。

2)重复性检验

ΔQ_{max} 为每项试验时,n 次试验中最大燃料消耗量与最小燃料消耗量之差,单位是 L/100km。

当 $\Delta Q_{max} < R$ 时,认为试验结果的重复性好,不必增加试验次数;

当 $\Delta Q_{max} > R$ 时,认为试验结果的重复性不好,应增加试验次数。

3)置信区间

试验结果的置信区间 ΔQ_V(置信度 90%)计算公式如下:

$$\Delta Q_V = \pm \frac{0.031}{\sqrt{n}} \bar{Q} \qquad (6-1)$$

三、试验方法的重复性和再现性验证

1. 试验方法的重复性验证

试验方法的重复性(Repeatability)是指在正常和正确操作情况下,由同一操作人员,在同一实验室内,使用同一仪器,并在短期内,对相同试样所作两个单次测试结果,在 95% 概率水平两个独立测试结果的最大差值。

项目组利用一辆 $11m < L \leq 12m$ 的高级客车和柴油货车单车($11000kg < T \leq 13000kg$)、自卸车($23000 < T \leq 25000kg$)和半挂车($T \leq 27000kg$)各一辆在交通运输部试验场分别进行了重复性验证试验。

1)客车试验结果

分别在试验车速 50km/h、60km/h、70km/h、80km/h、90km/h、100km/h 下进行等速油耗测量,测得等速燃油消耗 Q,然后计算出燃油消耗量的算术平均值 $\bar{Q}$,ΔQ_{max} 与标准方差 R 见表6-4。根据表中的计算结果 $\Delta Q_{max} < R$ 可知客车试验的重复性很好。

大型高级客车($11m < L \leq 12m$)试验方法的重复性检验　　表6-4

试验车速 (km/h)	Q_1 (L/100km)	Q_2 (L/100km)	$\bar{Q}$ (L/100km)	ΔQ_{max} (L/100km)	R
50	11.25	11.65	11.45	0.4	0.607
60	12.85	12.58	12.72	0.27	0.674
70	13.28	13.45	13.37	0.17	0.709
80	15.07	14.94	15.01	0.13	0.796
90	16.77	16.20	16.49	0.57	0.874
100	19.68	19.03	19.36	0.65	1.026

2）货车试验结果

（1）普通货车（单车）。分别在试验车速 40km/h、50km/h、60km/h、70km/h、80km/h 下进行等速油耗测量，测得的等速燃油消耗 Q，然后计算出燃油消耗量的算术平均值 $\bar{Q}$，ΔQ_{max} 与标准方差 R 见表6-5。根据表中的计算结果 $\Delta Q_{max} < R$ 可知普通货车（单车）试验的重复性很好。

营运柴油汽车（$11000kg < T \leqslant 13000kg$）试验方法的重复性检验　　表6-5

试验车速 （km/h）	Q_1 （L/100km）	Q_2 （L/100km）	$\bar{Q}$ （L/100km）	ΔQ_{max} （L/100km）	R
40	12.8	12.81	12.81	0.01	0.679
50	13.66	13.66	13.66	0	0.724
60	15.14	15.11	15.13	0.03	0.802
70	17.36	17.59	17.48	0.23	0.926
80	19.07	18.91	18.99	0.16	1.006

（2）自卸汽车。分别在试验车速 30km/h、40km/h、50km/h、60km/h、70km/h 下进行等速油耗测量，测得的等速燃油消耗 Q，然后计算出燃油消耗量的算术平均值 $\bar{Q}$，ΔQ_{max} 与标准方差 R 见表6-6，根据表中的计算结果 $\Delta Q_{max} < R$ 可知自卸汽车试验的重复性很好。

营运柴油自卸车（$23000kg < T \leqslant 25000kg$）试验方法的重复性检验　　表6-6

试验车速 （km/h）	Q_1 （L/100km）	Q_2 （L/100km）	$\bar{Q}$ （L/100km）	ΔQ_{max} （L/100km）	R
30	17.03	17.69	17.36	0.66	0.92
40	18.39	18.35	18.37	0.04	0.974
50	22.41	22.37	22.39	0.04	1.187
60	24.65	24.85	24.75	0.2	1.312
70	29.90	29.46	29.68	0.44	1.573

（3）半挂汽车列车。分别在试验车速 40km/h、50km/h、60km/h、70km/h、80km/h 下进行等速油耗测量，测得的等速燃油消耗 Q，然后计算出燃油消耗量的算术平均值 $\bar{Q}$，ΔQ_{max} 与标准方差 R 见表6-7，根据表中的计算结果 $\Delta Q_{max} < R$ 可知半挂汽车列车试验的重复性很好。

营运柴油半挂车（$T \leqslant 27000\text{kg}$）试验方法的重复性检验　　　表6-7

试验车速 （km/h）	Q_1 （L/100km）	Q_2 （L/100km）	$\overline{Q}$ （L/100km）	ΔQ_{max} （L/100km）	R
40	19.19	18.93	19.06	0.26	1.01
50	25.13	25.79	25.46	0.66	1.35
60	26.86	27.78	27.32	0.92	1.448
70	28.45	28.48	28.47	0.03	1.509
80	31.71	31.31	31.51	0.4	1.67

综上所述，$\Delta Q_{max} < R$，这说明并验证了在相同的试验条件下，进行连续多次试验所得油耗结果具有良好的一致性，说明试验方法具有很好的重复性。

2. 试验方法的再现性验证

试验方法的再现性(Reproducibility)是指两个不同的试验对同一试验对象进行测定，两个分析结果接近的程度。在实际工作中，再现性是指由不同操作者采用相同的方法在相同的环境条件下，测量同一被测对象的重复检测结果之间的一致性，与重复性相比即条件的改变只限于操作者的改变。

项目组利用六辆不同车型分别在交通部试验场和定远试验场进行了再现性验证试验。试验车辆基本信息及试验车速见表6-8，测得的等速燃油消耗量Q，然后计算出燃油消耗量的算术平均值$\overline{Q}$，ΔQ_{max}与标准方差R见表6-9。

再现性验证试验车辆信息及试验车速　　　表6-8

试验样车	车型信息	试验车速
1	高级客车 $11\text{m} < L \leqslant 12\text{m}$	50km/h、60km/h、70km/h、80km/h、90km/h、100km/h
2	高级客车 $9\text{m} < L \leqslant 10\text{m}$	50km/h、60km/h、70km/h、80km/h、90km/h、100km/h
3	货车（单车） $11000\text{ kg} < T \leqslant 13000\text{kg}$	40km/h、50km/h、60km/h、70km/h、80km/h
4	货车（单车） $23000\text{kg} < T \leqslant 25000\text{kg}$	40km/h、50km/h、60km/h、70km/h、80km/h
5	自卸车 $23000\text{kg} < T \leqslant 25000\text{kg}$	30km/h、40km/h、50km/h、60km/h、70km/h
6	半挂车 $T \leqslant 27000\text{kg}$	40km/h、50km/h、60km/h、70km/h、80km/h

试验方法的再现性检验 表6-9

试验样车	Q'_1 (L/100km)	Q'_2 (L/100km)	$\overline{Q}'$ (L/100km)	$\Delta Q'_{max}$ (L/100km)	R'
1	16.94	16.44	16.69	0.5	0.885
2	19.03	18.86	18.95	0.17	1.004
3	17.84	17.79	17.82	0.05	0.944
4	18.71	18.41	18.56	0.3	0.984
5	24.33	25.07	24.70	0.74	1.309
6	28.25	28.31	28.28	0.06	1.49

由表6-9可知 $\Delta Q'_{max} < R'$，说明在相同的试验条件与试验方法下，不同试验对同一辆车的试验结果的一致性很好，这检验并验证了试验方法的再现性。

四、综合燃料消耗量的计算

1. 等速百公里油耗温度校正

根据试验车辆各种速度下的燃料消耗量，计算得到百公里油耗，再将同一试验车速下多次试验得到的百公里油耗取算术平均值，并按照 GB/T 12545.2 规定的标准状态进行校正。

标准状态：气温：20℃；气压：600kPa；汽油密度：0.742g/mL；柴油密度：0.830g/mL。

试验数据的校正公式：

$$Q_0 = \frac{\overline{Q}}{C_1 \cdot C_2 \cdot C_3} \tag{6-2}$$

式中：Q_0——校正后的燃料消耗量，L/100km；

$\overline{Q}$——实测的燃料消耗量的平均值，L/100km；

C_1——环境温度校正系数，$C_1 = 1 + 0.00025(20 - T)$；

C_2——大气压力的校正系数，$C_2 = 1 + 0.0021(P - 100)$；

C_3——燃料密度的校正系数，

$C_3 = 1 + 0.8(0.742 - G_g)$（汽油），

$C_3 = 1 + 0.8(0.830 - G_d)$（柴油）；

T——试验时的环境温度，℃；

P——试验时的大气压力，kPa；

G_g——试验用的汽油实测平均密度，g/mL；

G_d——试验用的柴油实测平均密度，g/mL。

2. 综合燃料消耗量的计算

试验车辆的综合燃料消耗量 Q 按公式(6-4)计算：

$$Q = \sum_i (\overline{Q}_{0i} \times k_i) \tag{6-3}$$

式中：Q——综合燃料消耗量，L/100km；

$\overline{Q}_{0i}$——在第 i 个车速下校正后的满载等速燃料消耗量，L/100km；

k_i——在第 i 个车速下的满载等速燃料消耗量权重系数，见表6-10 和表6-11。

营运客车在各规定车速下的满载等速燃料消耗量权重系数　　表6-10

车速（km/h）		40	50	60	70	80	90	100
特大型	高级	—	0.03	0.02	0.02	0.20	0.55	0.18
	中级及普通级	0.05	0.10	0.25	0.30	0.30	—	—
大型	高级	—	0.01	0.02	0.02	0.15	0.55	0.25
	中级及普通级	0.05	0.10	0.25	0.30	0.30	—	—
中型	高级	—	0.05	0.05	0.05	0.20	0.60	0.05
	中级及普通级	0.05	0.10	0.30	0.30	0.25	—	—
小型	高级	—	0.02	0.04	0.04	0.30	0.30	0.30
	中级及普通级	0.05	0.10	0.30	0.30	0.25	—	—

营运货车在各规定车速下的满载等速燃料消耗量权重系数　　表6-11

	车速(km/h)	30	40	50	60	70	80
k_i	汽车(单车)	—	0.05	0.05	0.10	0.20	0.60
	自卸汽车(单车)	0.05	0.10	0.25	0.30	0.30	—
	半挂汽车列车	—	0.05	0.10	0.10	0.50	0.25

第七章 营运车辆燃料消耗量限值

为了制定我国营运车辆燃料消耗量限值,项目组首先研究了基于燃料消耗量特征的营运车辆分类方法,在此基础上借鉴日本"领跑者"限值制定方法,制定了我国营运车辆燃料消耗量第一阶段和第二阶段的限值。

第一节 营运车辆的分类

要确定车辆燃料消耗量的限值,首先需要对限值对象进行分组,这是汽车燃料消耗量限值标准的重要内容。目前世界上基于汽车燃料消耗量标准的车型分类主要有两大体系:一个是美国的公司平均燃料经济性(CAFE)体系;一个是日本的重量分组体系。考虑到营运车辆管理的现状以及车辆使用条件的不同,不能完全照搬国外的体系,需要对分类标准进行详细的研究。

一、我国现行车辆的分类标准

目前国内对于汽车的车型分类方法有国家标准、行业标准、统计报表等分类标准。由于各自的目的、实际操作以及自身管理便利等原因的不同,其划分标准也大不相同。这些标准及文件主要有 GB/T 15089—2001《机动车辆及挂车分类》(表 7-1)、GB/T 3730.1—2001《汽车和挂车类型的术语和定义》(表7-2)、JT/T 489—2003《收费公路车辆通行费车型分类》(表7-3)、GA 802—2008《机动车类型术语和定义表》(表7-4)、《交通运输综合统计报表制度(2006年年报和 2007 年定期报表)》(表 7-5)、《道路运输抽样调查信息系统》(表7-6)。对于营运客车还有行业标准 JT/T 325—2006《营运客车类型划分及等级评定》(表7-7 和表7-8)。

GB/T 15089—2001 等效参考了 ECE/WP29 的 R.E.3 内容,它主要应用于型式认证。

GB/T 3730.1—2001 属于通用性标准,它对汽车的分类主要是基于车辆的外形和功能,对车辆的等级则没有特别的细分标准,适用于整个汽车行业一般管理,包括统计、上牌照、政府管理和政府政策制定。

GB/T 15089—2001 机动车辆及挂车分类   表 7-1

分类名称	类型	说　　明
客车	M 类	是指至少有四个车轮并且用于载客的机动车辆
客车	M_1 类	是指包括驾驶员座位在内、座位数不超过九座的载客车辆
客车	M_2 类	是指包括驾驶员座位在内座位数超过九个、最大设计总质量不超过 5000kg 的载客车辆
客车	M_3 类	是指包括驾驶员座位在内座位数超过九个、最大设计总质量超过 5000kg 的载客车辆
货车	N 类	至少有四个车轮且用于载货的机动车辆
货车	N_1 类	最大设计总质量不超过 3500kg 的载货车辆
货车	N_2 类	最大设计总质量超过 3500kg，但不超过 12000kg 的载货车辆
货车	N_3 类	最大设计总质量超过 12000kg 的载货车辆
挂车	O 类	挂车（包括半挂车）
挂车	O_1 类	最大设计总质量不超过 750kg 的挂车
挂车	O_2 类	最大设计总质量超过 750kg，但不超过 3500kg 的挂车
挂车	O_3 类	最大设计总质量超过 3500kg，但不超过 10000kg 的挂车
挂车	O_4 类	最大设计总质量超过 10000kg 的挂车

注：M_2 和 M_3 类还按照可载乘员数及是否允许乘员站立进行了分级，共分为 A 级、B 级、I 级、II 级、III 级五个等级。

GB/T 3730.1—2001 汽车和挂车类型的术语和定义   表 7-2

分类名称	按用途分类的客车类型	分类名称	按用途分类的货车类型
客车	小型客车	货车	普通货车
客车	城市客车	货车	多用途货车
客车	长途客车	货车	全挂牵引车
客车	旅游客车	货车	越野货车
客车	铰接客车	货车	越野货车
客车	无轨电车	货车	专用作业车
客车	越野客车	货车	专用货车
客车	专用客车	货车	专用货车

JT/T 489—2003 收费公路车辆通行费车型分类　　　　　表 7-3

类别	客车核定座位数	货车规格(载质量)
第1类	≤7 座	≤2t
第2类	8~19 座	2~5t(含 5t)
第3类	20~39 座	5~10t(含 10t)
第4类	≥40 座	10~15t(含 15t),20inch 集装箱车
第5类		>15t,40inch 集装箱车

GA 802—2008 机动车类型术语和定义　　　　　表 7-4

客车类型	车身长度 L(m)及乘坐人数 N	货车类型	车长 L(mm)及总质量 M(kg)
大型	$L≥6$ 或者 $N≥20$	重型	$M≥12000$
中型	$L<6$ 且 $10≤N≤19$	中型	$L≥6000$ 或者 $4500≤M≤12000$
小型	$L<6$ 且 $N≤9$,不包括微型客车	轻型	$L<6000$ 且 $M<4500$
微型	$L≤3.5$ 且发动机气缸总排量≤1000mL	微型	$L≤3500$ 且 $M<1800$

《交通运输综合统计报表制度》规定的车型分类方法　　　表 7-5

车辆类型		核定客位数(座)
载客汽车	大型	标记客位 30 座以上
	中型	标记客位 16~30 座
	小型	标记客位 15 座及以下
载货汽车	重型	标记吨位 8t 及以上的载货汽车,15t 及以上的公路牵引车
	大型	标记吨位 4t 以上
	中型	标记吨位 2~4t
	小型	标记吨位 2t 及以下

《道路运输抽样调查信息系统》机动车分类　　　表 7-6

类别	载客汽车(核定客位数 X,座)	载货汽车(核定载质量 t,t)
Ⅰ	$X≤5$	$t<2$
Ⅱ	$5<X≤15$	$2≤t<4.5$
Ⅲ	$15<X≤30$	$4.5≤t<7$
Ⅳ	$30<X≤45$	$7≤t≤20$
Ⅴ	$X>45$	$t>20$

JT/T 325—2006 营运客车类型划分及等级评定　　　表 7-7

类型	特大型	大型	中型	小型
车长 L	$13.7≥L>12$	$12≥L>9$	$9≥L>6$	$6≥L>3.5$

JT/T 325 对营运客车的等级评定指标主要包括客车的动力性、行驶平顺性、制动性、密封性、车内噪声、空气调节、乘客座椅、车内服务设施、整车布置与内饰等。根据这些指标对客车的等级划分情况见表7-8。

JT/T 325—2006 营运客车类型划分及等级评定客车等级　　　　表7-8

类型	客车															乘用车			
	特大型				大型				中型				小型							
等级	高三级	高二级	高一级	中级	普通级	高三级	高二级	高一级	中级	普通级	高二级	高一级	中级	普通级	高二级	高一级	中级	普通级	高二级	高一级	普通级

从上面的8个分类标准可以看出,对于货车的分类方法比较明确,均采用了基于载质量和质量的分类方法。但对于客车的分类比较复杂,涉及按座位数进行分类,按车长进行分类和按质量进行分类。

上述汽车车型分类方法,没有考虑到各类车辆的燃料消耗量的差异性,不能直接用于营运车辆燃料消耗限值的管理。因此,为了便于车辆燃料消耗量的统计和管理。分类方法应该能够反映影响燃料消耗量的主要特征,而且尽量与已有分类保持一致,不过多增加管理难度。

二、基于燃料消耗量的车辆分类方法

确定影响汽车燃料消耗量的主要影响因素是确定分类方法的基础。

1. 燃料消耗量与汽车质量之间的关系

汽车行驶时通过发动机做功克服来自汽车的滚动阻力、空气阻力、坡度阻力和加速阻力使汽车前进。汽车行驶的每一瞬间,发动机发出的功率始终等于机械传动损失功率与全部运动阻力所消耗的功率,其功率平衡方程式为:

$$P_e = \frac{1}{\eta_T}(P_f + P_w + P_i + P_j)$$

$$= \frac{V_a}{3600\eta_T}\left(Gf\cos\alpha + G\sin\alpha + \frac{C_D A V_a^2}{21.15} + \delta m \frac{dV_a}{dt}\right) \quad (7-1)$$

式中:P_e——发动机输出功率,kW;

P_f——滚动阻力功率,kW;

P_w——空气阻力功率,kW;

P_i——坡度阻力功率,kW;

P_j——加速阻力功率,kW;

η_T——传动效率;

G——作用于汽车上的重力（$G = mg$，m 为汽车质量，g 为重力加速度）；

f——滚动阻力系数；

V_a——车速；

C_D——空气阻力系数；

A——汽车迎面面积，m^2；

δ——汽车旋转质量换算系数；

$\dfrac{dV_a}{dt}$——行驶加速度，$\dfrac{m}{s^2}$。

根据每小时燃料消耗量 G_T（kg/h），可利用（4-2）式确定燃油消耗量 Q（L/100km）为：

$$Q = \frac{100 G_T}{V_a \gamma} \tag{7-2}$$

$$G_T = \frac{P_e g_e}{1000} \tag{7-3}$$

式中：γ——燃料密度（汽油可取 0.74/L，柴油可取 0.87kg/L）；

g_e——发动机有效油耗率，g/(kWh)。

将式 7-1 及式 7-3 代入式 7-2，可得汽车行驶的百公里燃油消耗量计算公式：

$$Q = \frac{g_e}{36000 \eta_T \gamma} \left(Gf\cos\alpha + G\sin\alpha + \frac{C_D A V_a^2}{21.15} + \delta m \frac{dV_a}{dt} \right) \tag{7-4}$$

由式 7-4 可知，汽车行驶的燃油消耗量受发动机有效消耗率、汽车行驶车速、汽车总质量等的影响，发动机消耗功率克服的汽车滚动阻力、坡度阻力及加速阻力与汽车总质量成正比，即随着汽车总质量的增加，汽车的行驶阻力成比例增加，从而使汽车等速行驶的百公里燃油消耗量明显增加。

从理论公式可以看出，基于整车质量的分类方法能够反映汽车燃料消耗量的特征，具有明显的科学性。因此，对于总质量变化较大的车辆（如货车），采用基于质量分类的方法可以继续沿用，但必须缩小质量段的间隔。考虑到客车管理中质量分类的方法应用很少，因此需要寻找与质量相关性好的特征参数来对客车进行分类。

2. 燃料消耗量与客车车长的关系

相关系数能够准确度量两个变量直接的关系密切程度，它被定义为根据样本数据计算的对两个变量直接线性关系强度的度量值。

样本相关系数的计算公式为：

$$\rho = \frac{\text{cov}(X,Y)}{\sqrt{\text{var}(X)\text{var}(Y)}} \quad (7\text{-}5)$$

式中： $\text{cov}(X,Y)$ ——变量 X 和 Y 的协方差；

$\text{var}(X)$ 和 $\text{var}(Y)$ ——变量 X 和 Y 的方差。

根据实际数据计算出的 ρ，其取值一般为 $-1 < \rho < 1$，在说明两个变量之间的线性关系的密切程度时，根据经验可将相关程度分为以下几种情况：当 $|\rho| \geq 0.8$ 时，可视为高度相关；$0.5 \leq |\rho| < 0.8$ 时，可视为中度相关；$0.3 \leq |\rho| < 0.5$，视为低度相关；当 $|\rho| < 0.3$ 时，说明两个变量之间的相关程度极弱。

项目组经统计得到的 59 辆宇通客车进行车长与总质量相关性的研究结果如图 7-1 所示。

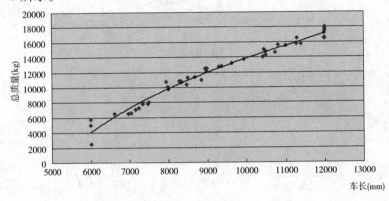

图 7-1 车长与总质量关系图

由图 7-1 可知，随着车长的增加，客车的总质量也随之增加。由公式 7-5 计算出车长与总质量的相关系数为 0.9811，可见客车车长与燃料消耗量是高度相关的。因此，采用车长来对客车进行分类制定燃料消耗限值标准是合理的。

3. 燃料消耗量与座位数的关系

采用相同的方法对车辆燃料消耗量与座位数的相关系数进行了计算，结果见表 7-9。

座位数与燃料消耗量相关系数表　　表 7-9

车速(km/h)	40	50	60	70	80	90	100
关系数	0.43	0.40	0.43	0.41	0.45	0.45	0.46

由表可知，客车座位数与车辆燃料消耗量的相关系数在 0.45 左右。因此，不考虑按此方法分类来考察不同车型的燃料消耗量。

综述所述，按质量和车长分类都可以体现出客车的燃料消耗量的特征，而按车长分类可以与交通部行业标准 JT/T 325—2006"营运客车类型划分与等级评定"衔接,有利于行业的管理。

最终确定对于客车按车身长度进行分类来制定燃料消耗量的限值,货车按总质量分类制定其燃料消耗量的限值。

三、营运客车的细化分类

1. 等级分类

JT 325—2006 标准规定,按照客车配置的高低,客车可以分为不同的等级。对于高等级客车,为加强自身的安全性和舒适性而要求装配更多的项目,使得它的整车质量比同类型的普通客车要高。而且当前交通工具日益现代化,乘客出行也有了多元化的选择,交通工具的安全性和舒适性也日益成为乘客选择出行方式的重要参照标准,所以高档客车在市场竞争中才具有较强的竞争力。如果只按照车身质量分类来制定燃料消耗量限值标准就限制了高等级客车的发展。因此,在按照客车车长分级时,首先需要根据客车的等级标准进行划分,而为了减少客车分类的种类,依据燃料消耗量相关性原则对等级进行了合并。

图 7-2 中示出了调研中得到的各类高级车的综合百公里油耗的分布情况。从中可以看出,高一、高二和高三级车辆的百公里油耗基本上分布在同一个区域。

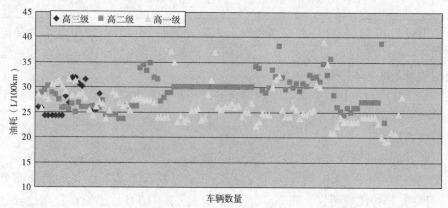

图 7-2 高一、高二和高三级百公里油耗分布图

图 7-3 中示出了中级和普通级车辆的综合百公里油耗的分布情况。从中可以看出,中级和普通级客车车辆的百公里油耗也基本分布在同一个区域内。

因此可以对客车等级分类进行合并,将高一、高二、高三级车辆合并为高级车一类,将中级车和普通级车合并为一类。

2. 各等级的细分

确定了车辆分类基础和等级后,还需要对各等级下的车辆进行细分,即对各等级下车辆长度进行分类。

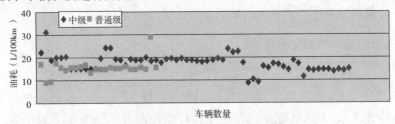

图7-3 中级及普通级客车百公里油耗分布图

参照日本的油耗限值标准,11人以上的一般客车是以2t为一个间隔进行分类的,而从上节的分析中可知,采用车长对我国客车进行分类来限制其燃料消耗量的情况更合理。因此,研究过程中对大量的客车数据的车长与质量的关系进行了分析研究,结果见表7-10。

车长(L)范围与质量范围的对比　　　　　　　　表7-10

车长范围(m)	<6	6<L≤7	7<L≤8	8<L≤9	9<L≤10	10<L≤11	11<L≤12	>12
质量范围(t)	3.5~5	5~6.6	8~10.26	10~12.5	12~13.6	14~15.8	15.6~18	18~

由表7-10可以看出,客车车长以1m为单位进行分类时,质量基本上是按照2t为一个间隔进行分类的,并且在每个分类区间内的质量范围与日本油耗限值的质量范围基本一致。

基于此思路对我国营运客车的综合油耗与车身长度进行了研究,考察基于1m为间隔的车型分类方法的区分度和可行性。

1) 高级车

统计得到的高级客车的综合百公里油耗与车长的关系结果如图7-4所示。

由图7-4可以看出,各个客车的百公里油耗基本上是随车长的增加而变大,且增长趋势比较明显。当7m<L≤8m时,各车型的百公里油耗分布比较分散,最低为10L,最高可达18L;当8m<L≤9m时,百公里油耗为18~20L;当9m<L≤10m时,百公里油耗基本为22L;当10m<L≤11m时,百公里油耗大致为22~25L,且集中于24L;11~12m的车型数最多,这些车型多用于干线高速公路旅客运输,生产数量大,市场占有率比较高,当11m<L≤12m,百公里油耗大致处于24L与28L之间,且分布比较集中。

由上述分析可知,对于高级客车按1m为单位进行分级,单位范围内的客车百公里油耗分布较集中,且各个不同单位区间的百公里油耗有明显的差异,因此这样分级具有合理性。

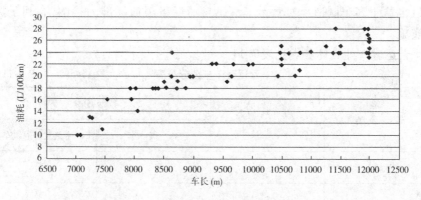

图7-4 高级客车车长与燃料消耗量关系分布图

2)中级及普通级客车

中级及普通级客车大部分用于低等级公路的旅客运输,与高级车相比,中级和普通级车的最高车速低、比功率低、配置低。

图7-5中示出了中级和普通级车的综合百公里油耗随车长的变化情况。

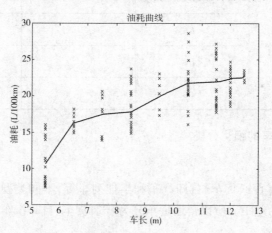

图7-5 中级及普通级客车的百公里油耗分布

由上述分析可知,按1m为单位对中级及普通级客车进行分级,单位范围内的客车等速油耗分布较集中,而且各个不同单位区间的等速油耗有明显的差异,因此这样分级具有合理性。

综上所述,各种等级的中大型客车按1m为单位进行分级是合理的。而且中国汽车工业协会实行的新车型统计分类及客车制造厂制造的客车,均是将中大型客车按1m为单位进行分级的,所以按车长对于汽车燃料消耗量的车辆进行分级的方法,不仅与汽车行业所进行的行业统计有着很好的衔接,而且也益于客车制造厂对营运车辆燃料消耗量限值标准的接纳,有利于标准的实施。

营运客车的具体分类见表7-11。

营运客车车型分类表　　　　　　　表7-11

车型分类	车长 L (m)	等级分类	
		高级车	中级及普通级车
特大型	$L > 12$		
大型	$11 < L \leq 12$		
	$10 < L \leq 11$		
	$9 < L \leq 10$		
中型	$8 < L \leq 9$		
	$7 < L \leq 8$		
	$6 < L \leq 7$		
小型	$L \leq 6$		

四、营运货车的细化分类

1. 车型的分类

货车主要有普通货车、自卸汽车和半挂列车等,不同类型的货车燃料消耗量水平有很大的差距。所以营运货车分为普通货车、自卸汽车和半挂汽车列车三类。

2. 质量等级分类

参照日本的油耗限值标准,拟采用普通货车和自卸汽车按2t为一个间隔进行分类。为了验证分类的合理性,研究过程中对大量的货车油耗数据进行了分析。

图7-6~图7-8分别示出了普通货车、自卸汽车和半挂汽车列车的综合百公里燃料消耗量按照2t为间隔的统计情况。由于13~15t、17~19t、21~23t、

27~29t的车型较少,在调研过程中收集到相关等级的数据较少。

从图中可以看出,随着车辆吨位数的增加,燃料消耗量逐渐增加。选取2t为间隔进行数据统计时,各个数据之间有明显的区分。

综上所述,对于普通货车按2t为单位进行分级,单位范围内的汽车百公里油耗分布较集中,而且各个不同单位区间的等速油耗有明显的差异,可见这样分级是合理的。

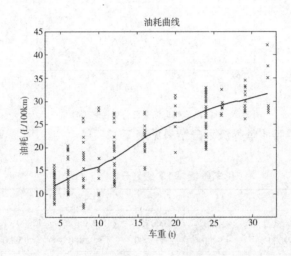

图7-6 普通货车综合百公里燃料消耗量统计

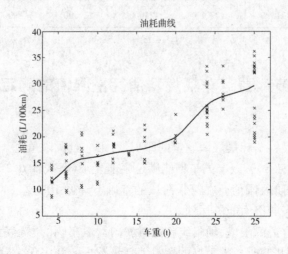

图7-7 自卸汽车综合百公里燃料消耗量统计

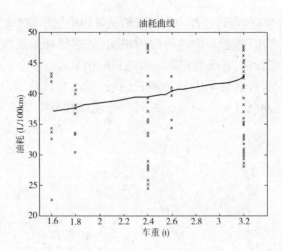

图 7-8　半挂汽车列车综合百公里燃料消耗量统计

各类货车按照质量等级划分结果见表 7-12。

货车质量(&)等级划分(单位:kg)　　　　表 7-12

1	2	3	4	5	6	7
3500 < & ≤5000	5000 < & ≤7000	7000 < & ≤9000	9000 < & ≤11000	11000 < & ≤13000	13000 < & ≤15000	15000 < & ≤17000
8	9	10	11	12	13	14
17000 < & ≤19000	19000 < & ≤21000	21000 < & ≤23000	23000 < & ≤25000	25000 < & ≤27000	27000 < & ≤29000	29000 < & ≤31000

第二节　营运车辆燃料消耗量限值的确定方法

营运车辆燃料消耗量限值制定的原则是：第一阶段限值基于我国汽车制造业技术水平，应使 80% 以上的车型能满足限值要求，坚决淘汰 15%~20% 的高油耗车辆；第二阶段限值要在第一阶段的基础上降低 10% 左右，并保证汽车制造企业经过适当的努力能够达到。

为了制定合适的限值，项目组首先对我国营运车辆的燃料消耗量现状进行了大量的调研，共调研各类车型的燃料消耗量数据 800 多份。营运车辆燃料消耗量现状的主要数据来源有：

①各客车制造企业提供的客车等速油耗数据；
②交通运输部公路交通试验场多年积累的油耗数据；
③项目组进行的油耗验证试验数据；
④运输企业客车的实际运行燃料消耗量数据。

一、等速油耗曲线的拟合

由于课题组掌握的等速油耗数据来源于客车制造企业、检测中心等各个方面，存在一些样本的等速油耗速度点不全现象，有的缺少低速点（如40km/h等），有的缺少高速点（如100km/h等）。等速油耗的速度点不全，将会影响加权平均后的综合燃料消耗量，直接导致油耗限值的准确性和科学性。因此，在进行油耗限值计算之前，首先要补齐这些等速油耗曲线上的残缺点。

1. 多项式回归验证

为了找到等速油耗曲线的变化规律，课题组采用多项式拟合的方法对部分试验数据进行拟合验证。首先选取了5辆长度不同的客车（型号分别为6125、6120、6593、8120和8125）进行等速油耗试验，试验车速分别为40km/h、50km/h、60km/h、70km/h、80km/h、90km/h、100km/h。

图7-9示出了试验中得到的5辆汽车的等速油耗曲线。

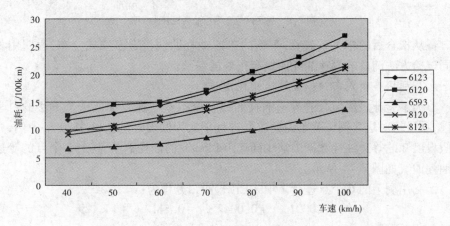

图7-9 5辆试验车等速油耗曲线图

从图7-9中可以看出，在试验过程中，车辆在正常行驶状态下，随着车速的提高，车辆油耗呈上升趋势。采用多项式拟合的方法对这些等速油耗数据进行了回归分析，得到的回归多项式方程及相关系数见表7-13，拟合曲线如图7-10所示。

5 辆试验车的回归多项式方程 表 7-13

车辆型号	回归多项式方程	相关系数
6123	$y = 0.0139x^3 + 0.1x^2 + 0.779x + 11.814$	$R_2 = 0.9943$
6120	$y = -0.0033x^3 + 0.2661x^2 + 0.3337x + 11.183$	$R_2 = 0.9999$
8123	$y = 0.16x^2 + 0.6936x + 8.797$	$R_2 = 1$
8120	$y = 0.0002x^3 + 0.1735x^2 + 0.5917x + 8.2783$	$R_2 = 1$
6593	$y = 0.0028x^3 + 0.1464x^2 - 0.1635x + 6.6143$	$R_2 = 1$

注：x 为车速，单位为 km/h；y 为等速百公里油耗，单位为 L/100km。

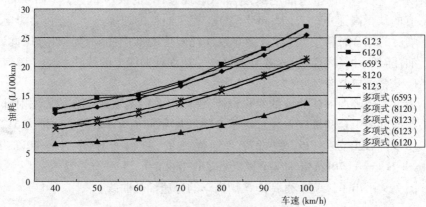

图 7-10 5 辆试验车等速油耗拟合曲线图

从拟合后的相关系数看，车辆的等速油耗曲线符合多项式分布，说明用相同试验方法测量的等速油耗曲线有很好的一致性。

2. 利用多项式回归拟合等速油耗曲线

为了验证采用拟合的等速油耗曲线补全空缺车速点油耗这个方法的科学性，项目组对这 5 辆试验车油耗数据进行了人为假设删除。以 6120 车为例，先假设已知的等速油耗数据中缺少高速 100km/h 的油耗数据，其余 6 个点的等速油耗曲线如图 7-11 所示。

利用剩余的 6 个点进行多项式回归，回归方程为：

$$y = -0.00001x^3 + 0.0042x^2 - 0.2112x + 14.129 \quad (7-6)$$

相关系数为：

$$R_2 = 0.9998$$

将车速 $x = 100$km/h 代入公式 7-6，计算出该速度点下的等速油耗值 $y = 25.009$L/100km，而该速度点下的等速油耗试验值为 25.9L/100km，计算相对误差为：

$$\eta = \frac{|25.9 - 25.009|}{25.9} \times 100\% = 3.44\% \quad (7-7)$$

该相对误差在可接受范围内。按同样方法计算其他几辆车的 100km/h 油耗值,见表 7-14。

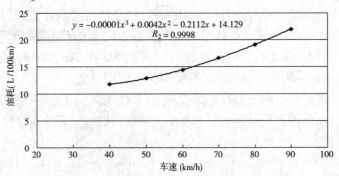

图 7-11　6120 试验车删除高速点后的等速油耗曲线

5 辆试验车补齐 100km/h 油耗值的对比结果　　　　表 7-14

车辆型号	试验值(km/h)	计算值(km/h)	相对误差(%)
6123	25.43	26.14	2.78
6120	25.90	25.01	3.44
8123	21.49	21.50	0.03
8120	21.01	20.93	0.39
6593	13.60	13.68	0.57

按同样方法计算出补齐 40km/h 的油耗值,见表 7-15。

5 辆试验车补齐 40km/h 油耗值的对比结果　　　　表 7-15

车辆型号	试验值(km/h)	计算值(km/h)	相对误差(%)
6123	12.50	12.21	2.32
6120	11.77	11.90	1.10
8123	9.65	9.66	0.12
8120	9.04	9.07	0.37
6593	6.60	6.59	0.13

通过表 7-14 和表 7-15 的对比结果可以看出,用多项式回归方法计算出的油耗值与实际测量的油耗值之间的相对误差均在 5% 以内,能够满足数据处理的精度要求,说明用多项式拟合等速油耗曲线的方法补齐缺失的等速油耗点是科学可行的。

二、油耗数据正态分布检验

在日本的车辆油耗领跑者(Top Runner)法令研究过程中,通过对大量数据(1995—2005 年)的车辆油耗数据的分析,发现不同重量级别的汽车燃油消耗量服从正态分布,基于这个分布原理,日本在 2006 年 Top Runner Program 的修订版中,制定了不同车型的燃油消耗量限值及适用年度。

借鉴日本研究过程中的数据处理方法,课题组采用了 χ^2 检验和 SPSS 专业统计软件检验两种方法对所掌握的汽车油耗数据进行正态分布检验。

1. χ^2 检验

根据 K. pearson 准则,当样本数 n 充分大时($n \geqslant 50$),不论总体 χ 服从何分布,其统计量近似服从自由度为 $k-r-1$ 的 χ^2 分布,其中 r 是样本总体中未知数的个数。

$$\chi^2 = \sum_{i=1}^{k} \frac{(f_i - np_i)^2}{np_i} \tag{7-8}$$

欲判定样本是否服从正态分布,要进行正态分布的假设检验,首先用极大似然估计法估计所假设的正态分布的样本总体的均值 $\hat{\mu}$ 和方差 $\hat{\sigma}^2$ 这两个参数:

$$\hat{\mu} = \frac{1}{n} \sum_{i=1}^{n} X_i \tag{7-9}$$

$$\hat{\sigma}^2 = \frac{1}{n}(\dot{X}_i - \bar{X}) \tag{7-10}$$

然后根据 K. pearson 准则,用 χ^2 检验法检验样本是否服从正态分布,每组样本个数不少于 5,若小于 5 则需要合并区间。

例如:对大型高级客车燃油消耗量正态分布检验(80 个样本)计算如下:

$$\hat{\mu} = 23.65 \qquad \hat{\sigma}^2 = 2.73$$

假设检验 $H_0: X \sim N(23.65, 2.73)$,当 H_0 成立时,用 $F(x)$ 表示 $N(23.65, 2.73)$ 的分布函数,则 $p_i (i=1,\cdots,80)$,

$p_1 = F(a_1), p_2 = F(a_2) - F(a_1), \cdots, p_8 = F(a_8) - F(a_7), p_9 = 1 - F(a_{79})$。

用标准正态表计算 $F(a_i) = \Phi\left(\dfrac{a_i - \hat{\mu}}{\hat{\sigma}}\right)$,其结果见表 7-16。

上述分组满足 $np_i \geqslant 5$ 的要求,故不需调整,最后的分组组数为 7,$\chi^2 = 9.25$;由于有 2 个估计参数(均值、标准差),因而自由度为 $7-2-1=4$。

$$\chi^2_{(1-0.05)}(7-2-1) = 9.49$$

所以:

$$\chi^2 < \chi^2_{(1-0.05)}(7-2-1) \tag{7-11}$$

由此可见,在95%置信度下(检查水平为0.05)接受假设检验 H_0,即认为某类车辆的燃油消耗量服从正态分布,并且 $\hat{\mu} = 23.65, \hat{\sigma}^2 = 2.73$。

样本的分组与计算结果　　　　　表7-16

Z 的组限	f_i	$n(80)p_i$	$f_i - np_i$	$(f_i - np_i)^2$	$\dfrac{(f_i - np_i)^2}{np_i}$
&≤20.14	7	7.8800	-1.8800	3.5344	0.4485
20.14 < & ≤21.11	19	6.2160	3.7840	14.3187	2.3035
21.11 < & ≤21.96	16	7.3120	3.6880	13.6013	1.8601
21.96 < & ≤23.35	8	15.0880	1.9120	3.6557	0.2423
23.35 < & ≤25.55	11	24.1440	-9.1440	83.6127	3.4631
25.55 < & ≤27.44	12	12.7760	-0.7760	0.6022	0.0471
27.44 < &	7	6.5840	2.4160	5.8371	0.8866
合计	80	80	0	125.16	9.2512

2. SPSS 专业统计软件检验

SPSS 是一个专业的数理统计分析软件,可以方便直观地进行各种分布检验。大型高级客车燃油消耗量正态分布检验结果见表7-17。

SPSS 软件处理样本数据汇总表(Case Processing Summary)　表7-17

—	Valid		Missing		Total	
燃油经济性	样本数(N)	百分比	样本数(N)	百分比	样本数(N)	百分比
—	80	100.0%	0	0%	80	100.0%

图7-12 是大型高级客车燃料消耗量分布图,同时列出了均值 $\mu = 23.7$ L/100km,标准差 $\sigma = 2.75$ L/100km,样本量 $N = 80$。

图7-13 是 SPSS 完成的大型高级客车燃料消耗量在概率纸法上的检验情况。从图中可以看出,样本概率能较好地分布在同一条直线上,因此认为是服从正态分布的。

综上所述,大型高级客车燃料消耗量是服从于正态分布的,由此可以推断其他类型客车的燃料消耗量同样是服从于正态分布的。

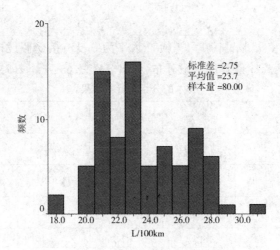

图 7-12 大型高级客车燃料消耗量分布图

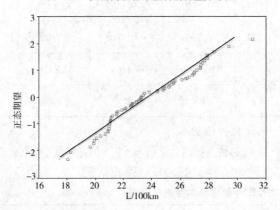

7-13 大型高级客车燃料消耗量在概率纸法上的检验结果

三、综合燃料消耗量的计算方法比较

综合燃料消耗量的计算有两种不同的方法:一种方法是先将每一辆车的等速油耗曲线进行加权计算,得出每辆车的综合燃料消耗量,再对这些单台车辆的综合燃料消耗量进行正态分布分析;另一种方法是先对全部样本在某个速度点下的油耗进行正态分布分析,取出某一概率下的等速油耗曲线后再进行加权计算。

1. 先加权计算再进行正态分布计算

以车长为 11~12m 的大型高级客车为例来说明两种方法的计算过程。

其方法是先将各样本车的各个车速下的等速油耗进行加权计算,然后用正态分布分析该类客车的燃油消耗限值,计算结果见表 7-18。

方法一计算结果　　　　　　　　　　　　　表 7-18

项　　目	综合燃料消耗量(L/100km)
样本均值	23.4
样本标准差	3.1
概率	标准正态 z 值	—
0.70	0.53	25.1
0.80	0.68	25.5
0.85	0.85	26.1
0.90	1.04	26.7
0.95	1.29	27.4
1.00	1.65	28.5

2. 先对等速油耗进行正态分布计算再进行加权计算

其方法是先将全部样本客车不同速度点下的油耗作为一个样本,进行正态分布分析后得出样本客车在每个速度点的限值,然后再对由各等速点下的限值形成一条等速油耗曲线进行加权计算。同样以车长为 11~12m 的大型高级客车为例,计算结果见表 7-19。图 7-14 中示出了样本车辆的燃料消耗量分布情况,图中的粗黑线是按照 15% 淘汰率计算得到的限值,从中可以清楚地看出限值油耗在整个样本油耗分布中的位置。

方法二计算结果　　　　　　　　　　　　　表 7-19

项　　目		等速油耗(L/100km)						
车速 (km/h)		40	50	60	70	80	90	100
样本均值(L/100km)		15.0	15.9	17.2	18.9	21.4	23.4	25.9
样本标准差(L/100km)		2.6	2.8	3.0	3.1	3.3	3.4	3.3
概率	z 值	—	—	—	—	—	—	—
0.75	0.53	16.3	17.4	18.8	20.6	23.2	25.2	27.6
0.80	0.68	16.7	17.8	19.2	21.0	23.6	25.7	28.1
0.85	0.85	17.2	18.2	19.7	21.6	24.2	26.2	28.7
0.90	1.04	17.7	18.8	20.3	22.1	24.8	26.9	29.3
0.95	1.29	18.3	19.5	21.0	22.9	25.6	27.7	30.2
1.00	1.65	19.2	20.4	22.1	24.0	26.8	28.9	31.4

3. 两种计算方法的比较

以上两种不同计算方法计算出的综合燃料消耗量结果见表 7-20。

两种不同方法的计算结果比较　　　　　　表 7-20

概　率	标准正态 z 值	综合燃料消耗量（L/100km）	
		方法一	方法二
0.75	0.53	25.1	25.2
0.80	0.68	25.5	25.7
0.85	0.85	26.1	26.2
0.90	1.04	26.7	26.9
0.95	1.29	27.4	27.7
1.00	1.65	28.5	28.9

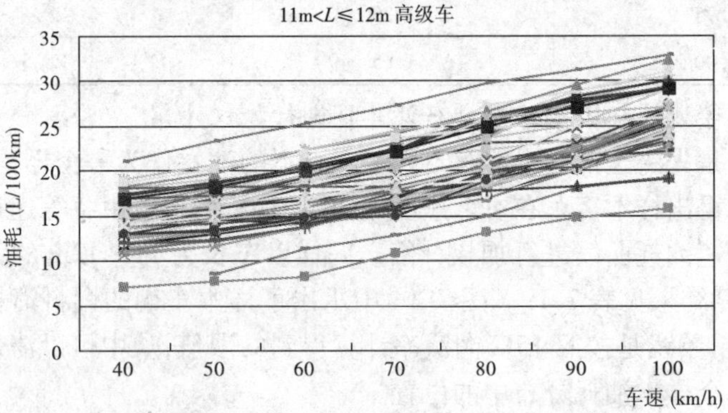

图 7-14　大型客车燃料消耗量分布及限值

由于同一车辆在各不同速度点下的油耗之间有一定的相关性，导致不同速度点下油耗的方差不再是线性的，因此，先加权运算和后加权运算计算出的综合燃料消耗量就会存在一定的差异，这个差异的大小取决于各速度点油耗之间的相关性的大小。从表 7-20 可以看出这个差异较小，说明其相关性也较小，因此在计算油耗限值时都可以采用这两种计算方法。

鉴于先进行正态分布分析再加权运算的方法能够更直观地看出油耗限值所处的等速油耗曲线的位置，本标准采用这种方法来计算油耗限值。

第三节　营运车辆燃料消耗量限值

一、装备柴油发动机的营运车辆

我国营运客车不同概率下的综合燃料消耗量计算结果见表 7-21。第一阶段限值,原则上按 15% 的油耗淘汰率计算,第二阶段限值,原则上在第一阶段限值的基础上再降低 10%。

不同概率下的综合燃料消耗量计算结果 表 7-21

等级	车型	车长 L(m)	综合燃料消耗量(L/100km)		
			80%	85%	90%
高级	特大型	$L>12$	28.5	28.5	28.5
	大型	$11<L\leq12$	26.4	27.1	27.9
		$10<L\leq11$	26.3	26.9	27.6
		$9<L\leq10$	25.6	26.2	26.9
	中型	$8<L\leq9$	20.7	21.2	21.8
		$7<L\leq8$	20.5	21.0	21.8
		$6<L\leq7$	16.5	17.1	17.9
	小型	$L\leq6$	14.5	15.2	16.1
中级普通	特大型	$L>13$	28.0	28.0	28.0
	大型	$11<L\leq13$	21.2	21.8	22.6
		$10<L\leq12$	21.2	21.7	22.5
		$9<L\leq11$	20.3	20.8	21.5
	中型	$8<L\leq10$	16.9	17.3	17.7
		$7<L\leq9$	16.7	17.1	17.7
		$6<L\leq8$	13.7	14.3	15.0
	小型	$L\leq7$	12.0	12.6	13.4

表 7-22 列出的限值是在表 7-13 中概率为 85% 时的综合燃料消耗量的基础上,由有关专家、客车企业技术人员及客运企业的机务人员根据实际工作经验做出修正后的结果。

营运柴油客车燃料消耗量限值(单位:L/100km) 表 7-22

车型	车长 L(m)	第一阶段		第二阶段	
		高级车	中级及普通级车	高级车	中级及普通级车
特大型	$L>12$	28.5	28.0	28.0	27.0
大型	$11<L\leq12$	27.1	22.8	24.4	20.5
	$10<L\leq11$	26.5	21.7	23.9	19.5
	$9<L\leq10$	25.0	19.4	22.5	17.5
中型	$8<L\leq9$	21.5	17.3	19.4	15.6
	$7<L\leq8$	20.0	16.7	18.0	15.0
	$6<L\leq7$	17.1	14.3	15.4	12.9
小型	$L\leq6$	14.4	12.0	13.0	10.8

普通货车、自卸汽车及半挂汽车列车的燃料消耗量限值见表 7-23 ~ 表 7-25。

营运普通货车燃料消耗量限值　　　　　　　表 7-23

车辆总质量 T (kg)	第一阶段限值 (L/100km)	第二阶段限值 (L/100km)	车辆总质量 T (kg)	第一阶段限值 (L/100km)	第二阶段限值 (L/100km)
3500 < T ≤ 5000	12.6	11.3	17000 < T ≤ 19000	28.9	26.0
5000 < T ≤ 7000	16.3	14.7	19000 < T ≤ 21000	30.2	27.2
7000 < T ≤ 9000	18.8	16.9	21000 < T ≤ 23000	31.4	28.3
9000 < T ≤ 11000	21.5	19.4	23000 < T ≤ 25000	32.5	29.3
11000 < T ≤ 13000	23.8	21.4	25000 < T ≤ 27000	33.5	30.2
13000 < T ≤ 15000	25.7	23.1	27000 < T ≤ 29000	34.5	31.1
15000 < T ≤ 17000	27.4	24.7	29000 < T ≤ 31000	35.5	32.0

营运柴油自卸汽车燃料消耗量限值　　　　　　　表 7-24

车辆总质量 T (kg)	第一阶段限值 (L/100km)	第二阶段限值 (L/100km)	车辆总质量 T (kg)	第一阶段限值 (L/100km)	第二阶段限值 (L/100km)
3500 < T ≤ 5000	12.4	11.2	17000 < T ≤ 19000	26.1	23.5
5000 < T ≤ 7000	15.4	13.9	19000 < T ≤ 21000	26.6	23.9
7000 < T ≤ 9000	18.3	16.5	21000 < T ≤ 23000	26.9	24.2
9000 < T ≤ 11000	20.7	18.6	23000 < T ≤ 25000	27.2	24.5
11000 < T ≤ 13000	22.7	20.4	25000 < T ≤ 27000	27.9	25.1
13000 < T ≤ 15000	24.2	21.8	27000 < T ≤ 29000	29.0	26.1
15000 < T ≤ 17000	25.4	22.9	29000 < T ≤ 31000	31.1	28.0

营运柴油半挂汽车列车燃料消耗量限值　　　　　　　表 7-25

列车总质量 T(kg)	第一阶段限值(L/100km)	第二阶段限值(L/100km)
T ≤ 27000	39.0	35.1
27000 < T ≤ 35000	39.9	35.9
35000 < T ≤ 43000	42.0	38.0
43000 < T ≤ 49000	43.0	39.0

二、装备汽油发动机的营运车辆

汽油发动机的循环热效率要比柴油发动机的循环热效率低,且在3500kg以上的营运车辆中仅有极少量采用汽油发动机。根据汽车运输企业统计的油耗情况,规定装备汽油发动机的营运车辆燃料消耗量限值为同型装备柴油发动机的营运车辆燃料消耗量限值的115%(取值按四舍五入保留至小数点后一位)。

第八章 营运车辆燃料消耗量的管理

第一节 我国营运车辆燃料消耗量管理的背景

一、我国营运车辆管理现状

目前,我国针对汽车产品采用"全寿命"过程管理模式,并针对不同阶段的特点授权不同的部门进行管理。

生产环节:①汽车产业长期规划、产业政策、投资项目审批和产品准入的认证(公告制)职能由中华人民共和国工业与信息化部行使;同时国家还实行了国际通行的"认证认可制度",作为"3C 认证"管理范围内的产品,汽车的认证工作由国家认监委开展。②有关汽车企业的国有资产管理职能由各级国资委行使;但近年来已有部分民营资本、外资进入到汽车行业,其资产的管理要依据国家相关法律、法规来执行;③生产企业所需进口零部件管理职能由商务部行使;④国家重大汽车高新技术的研究与开发管理职能由科技部行使。

消费和使用环节:①汽车产品的国内贸易流通、进出口贸易、进口配额管理(属于机电产品进口管理范畴)等职能由商务部归口管理;②新车注册上牌、车辆年检、道路交通安全管理等由公安交通管理部门行使;③车购税、车船使用税由国家财政收取;④汽车尾气污染和噪声污染防治等由环保部门行使;⑤产品的强制认证、产品质量、标准化管理职能由质量监督部门行使;⑥汽车维护、公路设施规划建设与维护、道路营运车辆的管理与场站建设、营运驾驶员管理等工作由交通运输部门负责,运管费、通行费等有关道路使用税费的管理职能由交通运输部门及相关公路建设运营单位依法收取;⑦城市道路基础设施的规划、建设与管理职能由城市规划部门行使;⑧汽车报废管理职能由各级政府"汽车更新领导小组办公室"行使;⑨保险业务的管理职能分别由中国人民银行和中国保监会行使。

营运车辆是以营业性为目的的汽车,不仅需要满足我国对汽车产品的管理要求,还需要满足交通运输部关于营运性车辆的管理规定。根据国务院颁布的

《中华人民共和国道路运输条例》(以下简称《道路运输条例》)规定,申请从事客运、货运经营的,应当有与其经营业务相适应并经检测合格的车辆。客运经营者、货运经营者应当使用符合国家规定标准的车辆从事道路运输经营。按照《道路运输条例》的规定,我国道路运输管理机构对道路运输车辆实行了市场准入制度。

1. 我国营运客车准入管理现状

我国现行客运管理工作主要是依据《道路运输条例》(2004年7月1日起试行)的相关要求,按照《道路旅客运输及客运站管理规定》、《国际道路运输管理规定》、《机动车维修管理规定》、《汽车运输业车辆技术管理规定》、《超限运输车辆行驶公路管理规定》、《汽车旅客运输规则》以及与之相配套的其他部门规章来实施。

根据交通运输部2009年4月发布的《道路旅客运输及客运站管理规定》(2009年第4号令),申请从事道路客运经营的,应当具备有与其经营业务相适应并经检测合格的客车:

1) 客车技术要求

(1) 技术性能符合国家标准GB 18565—2001《营运车辆综合性能要求和检验方法》的要求。

(2) 外廓尺寸、轴荷及质量符合国家标准GB 1589—2004《道路车辆外廓尺寸、轴荷及质量限值》的要求。

(3) 从事高速公路客运或者营运线路长度在800km以上的客运车辆,其技术等级应当达到JT/T 198—2004《营运车辆技术等级划分和评定要求》规定的一级技术等级;营运线路长度在400km以上的客运车辆,其技术等级应当达到二级以上;其他客运车辆的技术等级应当达到三级以上。

高速公路客运,是指营运线路中高速公路里程在200km以上或者高速公路里程占总里程70%以上的道路客运。

2) 客车类型等级要求

从事高速公路客运、旅游客运和营运线路长度在800km以上的客运车辆,其车辆类型等级应当达到JT/T 325—2010《营运客车类型划分及等级评定》规定的中级以上。

3) 客车数量要求

(1) 经营一类客运班线的班车客运经营者应当自有营运客车100辆以上、客位3000个以上,其中高级客车在30辆以上、客位900个以上;或者自有高级营运客车40辆以上、客位1200个以上。

(2) 经营二类客运班线的班车客运经营者应当自有营运客车50辆以上、客位 1500 个以上,其中中高级客车在 15 辆以上、客位 450 个以上;或者自有高级营运客车 20 辆以上、客位 600 个以上。

(3)经营三类客运班线的班车客运经营者应当自有营运客车 10 辆以上、客位 200 个以上。

(4)经营四类客运班线的班车客运经营者应当自有营运客车 1 辆以上。

(5)经营省际包车客运的经营者,应当自有中高级营运客车 20 辆以上、客位 600 个以上。

(6)经营省内包车客运的经营者,应当自有营运客车 5 辆以上、客位 100 个以上。

2. 我国营运货车准入管理现状

现行道路货运管理工作主要是依据《道路运输条例》的相关要求,按照《道路货物运输及站场管理规定》《道路危险货物运输管理规定》《国际道路运输管理规定》《机动车维修管理规定》《汽车运输业车辆技术管理规定》《超限运输车辆行驶公路管理规定》《汽车货物运输规则》以及与之相配套的其他部门规章来实施。

根据交通运输部 2009 年 4 月发布的《道路货物运输及站场管理规定》(2009 年第 3 号令),申请从事道路货运经营的,应当具备有与其经营业务相适应并经检测合格的运输车辆:

1)车辆技术要求

(1)车辆技术性能应当符合国家标准 GB 18565—2001《营运车辆综合性能要求和检验方法》的要求。

(2)车辆外廓尺寸、轴荷和载质量应当符合国家准 GB 1589—2004《道路车辆外廓尺寸、轴荷及质量限值》的要求。

2)车辆其他要求

(1)从事大型物件运输经营的,应当具有与所运输大型物件相适应的超重型车组。

(2)从事冷藏保鲜、罐式容器等专用运输的,应当具有与运输货物相适应的专用容器、设备、设施,并固定在专用车辆上。

(3)从事集装箱运输的,车辆还应当有固定集装箱的转锁装置。

3. 甩挂运输车辆技术要求

为全面贯彻落实交通运输部、国家发展和改革委员会、公安部等五部委联合发布的《关于促进甩挂运输发展的通知》(交运发〔2009〕808 号)文件精神,根据货运车辆规范管理的工作要求和推动甩挂运输工作的实际需要,交通运输部 2010 年初部署交通运输部公路科学研究院(交通运输部汽车挂车质量监督检验测试中心)组织有关技术人员,在原《货运汽车及汽车列车推荐车型基本要求》(交路发〔2005〕170号附件1)的基础上,结合交通运输行业发展对运输车辆的需求、营运车辆管理的相关规定和甩挂运输对车辆装备的技术要求,研究制定了既符合推荐车型规则要求又适用于甩挂运输发展的《甩挂运输推荐车型基本要求》,并作为与国家发改委联合下发的《关于印发甩挂运输试点工作实施方案的通知》(交运发〔2010〕562号)的附件四印发执行。

《推荐车型基本要求》中包括4×2、6×4等两种半挂牵引车,三轴14.6m厢式半挂车、两轴13m厢式半挂车等两种厢式半挂车,骨架式40feet集装箱运输半挂车、骨架式20feet集装箱运输半挂车、鹅颈骨架式40feet集装箱运输半挂车等3种集装箱运输半挂车和一种普通栏板式半挂车等共计8种车型。主要特点概括如下:

——动力配置高、燃油限值指标高。依照国家标准GB 1589—2004对五轴、六轴半挂汽车列车最大总质量的规定确定了发动机净功率(最小)与最低比油耗的限值;汽车列车最高车速不小于100km/h,须满足能耗准入第二阶段燃油经济性限值要求。这保证了汽车列车有足够的动力储备、运输效率和较好的燃油经济性。

——主挂车结构尺寸、安装与连接技术要求明确。明确了使用50号牵引销;规定了牵引车与半挂车之间电、气连接以及ABS型式与接口的技术要求;对牵引车牵引座结合面高度、半挂车座板高度给出合理的限值范围;限定了牵引车后部回转半径、牵引销前部回转半径以及半挂车牵引销中心后部回转半径的尺寸限值,防止出现主挂车运动干涉。利于甩挂操作的实施和行车安全,且与货运站场货台高度相协调,确保甩挂运输货物装卸效率与质量安全。

——车辆的配置与操控环境优化。规定了有关缓速控制装置、车轮动平衡、ABS制动系统、带有行车记录功能的卫星定位终端等行车安全装置的配置要求;强调了动力转向、驾驶室空调、驾驶室平顺性指标、驾驶室卧铺等操控环境改善的配置要求;明确了影响行车阻力与运载能力的导流装置、轮胎、挂车车轴、支承装置等使用要求。将改善行车安全性能、提高运输管理水平,有利于超限超载车辆的控制。

——载质量大、自重轻,限定了关键质量与尺寸参数:牵引车、半挂车分别针对牵引座负荷、准拖总质量、半挂车的载质量利用系数或整备质量、最大总质量等规定了限值要求,提高运载效率;规定了厢式半挂车外廓尺寸和内部尺寸限值,有利于标准化托盘运输和厢式运输的发展。引导货运标准化发展和轻量化技术的应用,提高运输效率与质量安全。

——强调国家强制性标准GB 7258—2004、GB 1589—2004对汽车列车制动性、通过性、行驶稳定性的技术要求,确保行车安全。

——鼓励空气悬挂、子午线真空轮胎的安装使用,引导骨架式集装箱半挂车结构的应用,进一步推广新技术、新结构的广泛应用。

为确保甩挂运输推荐车型技术先进、性能优良、匹配合理、质量可靠,在技术支持单位的精心组织下,经过对14家车辆生产企业50余款车型/配置申报资料初审、样车核查,对初选的12个企业的12台牵引车、7台半挂车在襄樊汽车试验场进行了为期8天的40余车次列车匹配验证活动,充分考虑甩挂运输试点工作的实用性、可靠性,本着宁缺毋滥的原则,经严格筛选,最终选定了11个车辆生产企业的10个牵引车车型和6个半挂车车型,作为第一批甩挂运输推荐车型于2011年6月28日在部网站上公示,形成《公路甩挂运输推荐车型名录(第一批)》。

4. 我国营运车辆的动态监管

为切实加强道路运输车辆动态监管工作,预防和减少道路运输事故,交通运输部立项、研究制定了交通运输行业标准JT/T 794—2011《道路运输车辆卫星定位系统车载终端技术要求》和JT/T 796—2011《道路运输车辆卫星定位系统平台技术要求》。该两项标准现已发布,实施日期分别是2011年5月8日和2011年7月1日。2011年3月19日,交通运输部、公安部、安全监管总局、工业和信息化部联合发布了《关于加强道路运输车辆动态监管工作的通知》(交运发〔2011〕80号),交通运输部于2011年4月11日发布了关于认真贯彻《道路运输车辆卫星定位系统平台技术要求》和《道路运输车辆卫星定位系统车载终端技术要求》两项标准的通知(交运发〔2011〕158号),明确规定自2011年8月1日起新出厂的"两客一危"车辆,在车辆出厂前应安装符合《道路运输车辆卫星定位系统车载终端技术要求》的卫星定位装置;从2012年1月1日起,没有按照规定安装卫星定位装置或未接入全国联网联控系统的运输车辆,道路运输管理部门暂停营运车辆资格审验。为认真贯彻四部委文件,确保两项标准的严格执行,交通运输部科技司、道路运输司委托交通运输部汽车运输节能技术服务中心等单位分别在2012年4~6月间对各地方100多个交通运输管理机构的工作人员、200余个客货车生产企业技术人员进行了标准内容与实施要求宣贯;制定了有关卫星定位系统技术管理程序和检验、审查要求,已先后发布了2批50余个合格企业与产品名单。

可见,以往车辆准入管理的主要技术依据是国标GB 18565—2001《营运车辆综合性能要求和检验方法》和GB 1589—2004《道路车辆外廓尺寸、轴荷及质量限值》。在这两个标准当中,主要侧重车辆的安全性和动力性的检测,对燃油消耗限值没有具体、明确的要求。

当前我国能源消耗强度高、规模大,能源问题已成为关系到我国经济可持续发展的重大战略问题。道路运输业是能源消耗大户,其理论依据主要有两项:

一是燃料消耗量大。据统计,截至 2010 年,全国道路运输车辆的保有量达到 1133.32 万辆,仅占全国机动车保有量的 5.7%,但道路运输业所消耗的成品油却占全国成品油消耗总量的 30% 以上。

二是能源利用率低。与国外先进水平相比,我国汽车平均油耗要高 10%~25%。根据交通运输部《公路水路交通节能中长期规划纲要》要求,到 2015 年,与 2005 年相比,我国营运货车单位运输周转量能耗要下降 12% 左右,营运客车单位运输周转量能耗下降 3% 左右;到 2020 年,与 2005 年相比,营运货车单位运输周转量能耗下降 16% 左右,营运客车单位运输周转量能耗下降 5% 左右。

为实现道路运输行业节能减排目标,立足车辆源头,严格营运车辆燃料消耗量限值,限制高耗能车辆进入道路运输市场是关键。因此,根据《节约能源法》第四十六条的要求,交通运输部制定了《道路运输车辆燃料消耗量检测和监督管理办法》(中华人民共和国交通运输部令 2009 年第 11 号)(以下简称《办法》)来进行我国营运车辆燃料消耗量的科学管理,在现有营运车辆市场准入制度框架下,增加了车辆燃料消耗量指标限值要求,填补了交通运输部门对营运车辆在油耗管理方面的空白,是对运输车辆市场准入制度的进一步调整和完善,也是交通运输部门对道路运输市场管理职能和管理手段的进一步调整和完善,是一项重大的制度创新。

二、我国营运车辆燃料消耗量管理的依据

《办法》制定的法律依据主要有两项:

一是《道路运输条例》第八条和第二十二条分别规定,申请从事客运、货运经营的,应当有与其经营业务相适应并经检测合格的车辆。同时,第三十三条规定,客运经营者、货运经营者应当使用符合国家规定标准的车辆从事道路运输经营。

二是《节约能源法》第四十六条规定,国务院有关部门制定交通运输营运车船的燃料消耗量限值标准;不符合标准的,不得用于营运。国务院交通运输主管部门应当加强对交通运输营运车船燃料消耗检测的监督管理。

可见,本办法是依法制定实施的,是对道路运输车辆准入管理制度以及从事客运、货运经营许可条件的完善。

《办法》实施的技术依据是基于本项目研究形成的 JT 711—2008《营运客车

燃料消耗量限值及测量方法》和 JT 719—2008《营运货车燃料消耗量限值及测量方法》两个交通行业标准。

三、我国营运车辆燃料消耗量管理的对象

《办法》适用于道路运输车辆,包括拟进入道路运输市场从事道路旅客运输、货物运输经营活动,以汽油或柴油为单一燃料的、总质量超过 3500kg 的国产和进口车辆。

城市公共汽车、出租车及总质量不超过 3500kg 的客运、货运车辆不在《办法》的适用范围之内。

四、我国营运车辆燃料消耗量管理的基本原则

1. 公平、公正

一是汽车燃料消耗量检测机构公开向社会征集,由专家进行评审;二是检测机构必须严格按照规定程序和相关标准开展检测工作,提供客观、真实的检测报告,并承担相关法律责任;三是检测机构如出现弄虚作假、徇私舞弊等行为,将取消其资格;四是车辆生产企业对技术审查结果有异议的,有权利提出复核申请;五是对《燃料消耗量达标车型表》(以下简称《车型表》)的车型实施动态管理。如发现车辆生产企业弄虚作假,骗取列入《车型表》资格,将删除其《车型表》资格,并进行处罚。

2. 信息公开

一是向社会公布符合相关条件的检测机构与试验场地名单,方便汽车企业选择检测机构与场地;二是将通过技术审查的车型在互联网上公示、公告,接受社会监督;三是为了确保申报材料技术审查的科学、准确、高效,并不断完善《道路运输车辆燃油消耗量检测及监督管理信息服务网》,包括政策、法规、车型查询、各类用户网上服务等;四是将技术审查的车型及问题在网上公开,由汽车企业确认、处理。

3. 实效便捷

考虑到道路运输车辆生产企业及车型数量庞大,为了便利企业进行达标车型的申报和检测,《办法》设定了便民措施,一是规定《车型表》车型可与《车辆生产企业及产品公告》车型同时申请;二是符合一定条件的系列车型可只作一次申报;三是车辆生产企业可从交通运输部公布的检测机构名单上自主选择检测机构;四是不断优化燃料消耗量技术审查程序、时限及《车型表》发布周期进行规范。

五、我国营运车辆燃料消耗量管理时间安排

《办法》分两个步骤来实施。自2009年11月1日起,《办法》开始施行,交通运输部公布的车辆检测机构开始受理车辆生产企业的燃料消耗量检测申请,进入4个月的过渡期。期间,《车型表》不作为道路运输管理机构配发《道路运输证》的核查条件;自2010年3月1日起,道路运输管理机构在配发《道路运输证》时,开始将燃油消耗量作为必要指标,对照《车型表》进行核查。

第二节 我国营运车辆燃料消耗量管理机构

交通运输部主管全国道路运输车辆燃料消耗量检测和监督管理工作。交通运输部汽车运输节能技术服务中心(以下简称"节能中心")作为交通运输部开展道路运输车辆燃料消耗量检测和监督管理工作的技术支持单位。省级道路运输管理机构负责本行政区域内道路运输车辆燃料消耗量达标车型(以下简称"达标车型")的监督管理,督促各地道路运输管理机构严格执行道路运输车辆燃料消耗量达标车型的相关制度。县级以上道路运输管理机构负责具体实施本行政区域内道路运输车辆燃料消耗量达标车型的监督管理工作。县级以上道路运输管理机构在配发《道路运输证》时,按照《燃料消耗量达标车型表》对车辆配置及参数进行核查。经核查,未列入《燃料消耗量达标车型表》或者与《燃料消耗量达标车型表》所列装备和指标要求不一致的,不得配发《道路运输证》。

一、交通运输部职责

交通运输部主管全国道路运输车辆燃料消耗量检测和监督管理工作,并委托节能中心作为部开展道路运输车辆燃料消耗量检测和监督管理工作的技术支持单位。节能中心主要职责有:
(1)受理《燃料消耗量达标车型表》的申请,开展技术审查。
(2)受理检测机构的申请,组织开展检测机构资质的评审。
(3)对车辆燃料消耗量检测工作进行监督检查。
(4)进行技术跟踪与燃料消耗量限值标准的制修订。

2009年开始,节能中心根据部道路运输司工作部署开展了一系列11号令宣贯和实施准备,2010年起具体承担了过渡车型备案、达标车型技术审查等技术服务工作。为了确保该项制度实施的科学、有效、便捷,陆续出台了一系列政

策规定和技术要求,主要包括:《道路运输车辆燃料消耗量达标车型车辆参数及配置核查工作规范》、《关于进一步做好燃料消耗量达标车型申报工作的通知》(交汽节能[2010]12号)、《关于进一步加大力度,认真执行营运车辆燃料消耗量限值标准的通知》(厅运明电[2010]0611号)、《车辆油耗检测安全提示》(交汽节能[2010]23号)、《关于对进口车辆办理道路运输证工作有关事项的通知》(交运便字[2010]106号)、《道路运输车辆燃料消耗量达标车型变更和视同判定方法(试行)》(交汽节能[2011]3号)、《关于进一步做好道路运输车辆燃料消耗量检测和监督管理工作的通知》、《关于燃料消耗量达标车型申请表选装照片的若干要求》(交汽节能[2011]17号)、《关于检验报告相关问题的处理规定(试行)》(交汽节能[2011]16号)、《关于道路运输业户正确选购客、货车辆的提示》、《关于公布"道路运输车辆燃料消耗量达标车型申报材料技术审查相关问题及处理意见"的通知》(交汽节能[2011]27号)、《关于变更道路运输车辆燃料消耗量检测现场核查记录填写要求的通知》(交汽节能[2011]49号)等。

截至2011年8月,节能中心共收到检测机构提交的检验报告43000多份,共进行了37000多个配置的达标车型申请资料申报、审查,其中网上申报约15000个,纸质申报约22000个;已完成15批约15000个车型30000个配置的达标车型公告技术服务。

二、省级道路运输管理部门职责

(1)全面负责组织并领导辖区内道路运输车辆燃料消耗量达标车型核查的管理工作,制订达标车型核查的相关管理制度并组织实施,指导、督促地、市(县)道路运输管理部门严格执行相关制度。

(2)指导地、市(县)道路运输管理部门对道路运输车辆燃料消耗量检测和监督管理工作以及在其辖区内公众中的宣传工作。

(3)制定对委托进行核查工作的汽车综合性能检测站要求,并对县级以上道路运输管理部门委托的汽车综合性能检测站的资质进行核准。

(4)组织县级以上道路运输管理部门、被委托核查工作的汽车综合性能检测站的核查人员开展达标车型核查工作培训。

(5)对达标车型核查工作中遇到的问题进行处理,并及时上报交通运输部。

(6)协调解决在达标车型核查工作中发生的费用。

(7)汇总本行政区域内的达标车型的核查工作情况,并每月(季度)上报交通运输部。

(8)配合节能中心对交通运输部公布的在本行政区域内的道路运输车辆燃

料消耗量检测机构的监督。

(9)负责对本行政区域内符合本适用范围的汽车生产企业发放并回收《2010年3月1日前已公告的车型申报表》,及时发送至节能中心。

三、地、市(县)级道路运输管理部门职责

(1)按照省道路运输管理部门对达标车型核查的管理工作要求,负责实施本辖区内达标车型的核查工作。

(2)在辖区内的公众中利用有效手段对道路运输车辆燃料消耗量检测和监督管理工作进行宣传。

(3)根据省道路运输管理部门制订的被委托核查工作的汽车综合性能检测站要求,对拟委托的汽车综合检测站进行能力认定,报省道路运输管理部门批准后,委托其开展达标车型核查工作。

(4)组织达标车型核查人员及相关工作人员参加省道路运输管理部门组织的业务培训。

(5)对达标车型核查工作的费用进行成本核算,并及时上报省道路运输管理部门。

(6)按照本规范规定的核查方法和内容进行车辆核查,必要时制订相应的核查工作细则。

(7)对达标车型核查工作中出现的问题进行处理,并上报省道路运输管理部门。

(8)建立并不断完善监督检查制度,对核查人员及委托的汽车综合性能检测站核查工作进行监督管理。必要时应深入汽车综合检测站进行现场监督核查工作,并根据需要组织专家对核查结果进行抽查。

(9)每月对本辖区内的达标车型的核查情况进行汇总,并上报省级道路运输管理部门。

(10)对符合核查要求的车辆予以配发《道路运输证》,《燃料消耗量达标车型核查报告》存入车辆档案。

四、被委托核查工作的汽车综合性能检测站职责

(1)组织达标车型核查人员及相关工作人员参加省道路运输管理部门组织的业务培训。

(2)协助开展对道路运输车辆燃料消耗量检测和监督管理工作在公众中的宣传。

(3)按照省、地、市(县)道路运输管理机构对达标车型核查的管理工作要

求,及本规范规定的核查方法和内容进行车辆核查,出具《燃料消耗量达标车型核查报告》,并存入车辆检测档案。

(4)对车辆核查工作中出现的问题及时上报市(县)道路运输管理部门。

(5)对核查人员的核查工作进行监督管理。

(6)每月对达标车型的核查情况进行汇总,并上报市(县)道路运输管理部门。

第三节　营运车辆燃料消耗量达标车型的管理

一、营运车辆燃料消耗量达标车型核查工作流程

2010年3月1日~2011年2月28日申请《道路运输证》的新购置车辆核查简要流程如图8-1所示,2011年3月1日后申请《道路运输证》的新购置车辆核查简要流程如图8-2所示。

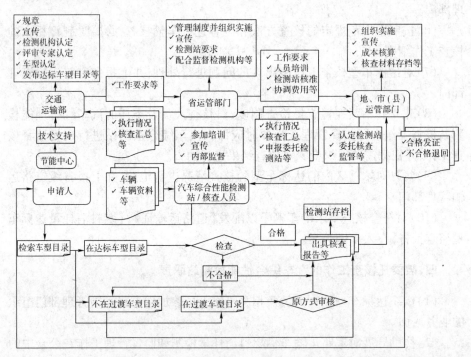

图8-1　2010年3月1日~2011年2月28日申请《道路运输证》的新购置车辆核查流程

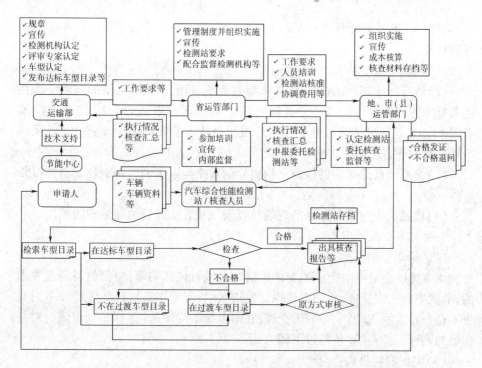

图 8-2　2011 年 3 月 1 日后申请《道路运输证》的新购置车辆核查流程

二、营运车辆燃料消耗量达标车型的申请

我国对道路运输车辆实行燃料消耗量达标车型管理制度。交通运输部对经车辆生产企业自愿申请,并且经节能中心技术审查通过的车型以《道路运输车辆燃料消耗量达标车型表》(以下简称《燃料消耗量达标车型表》)的形式向社会公布。

《燃料消耗量达标车型表》车型可与《车辆生产企业及产品公告》(以下简称《公告》)车型同时申请。

1. 达标车型申报条件及提交材料

《燃料消耗量达标车型表》所列车型应当符合下列条件:

(1) 已经列入《公告》的国产车辆或者已经获得国家强制性产品认证的进口车辆;

(2) 各项技术参数和主要配置与《公告》或者国家强制性产品认证的车辆一致性证书保持一致;

(3) 经交通运输部公布的检测机构检测,符合道路运输车辆燃料消耗量限值标准的要求。

拟列入《燃料消耗量达标车型表》的车型,由车辆生产企业向节能中心提交下列材料:

(1)达标车型申请表,一式两份。

(2)汽车行业新产品《公告》技术参数表或者国家"3C"认证的车辆一致性证书复印件一份。与《公告》或者国家"3C"认证同时申请的车型,待《公告》或者国家"3C"认证批准后可补上《公告》批次及技术参数表或者国家"3C"认证的车辆一致性证书复印件。

(3)交通运输部指定的检测机构出具的道路运输车辆燃料消耗量检测报告原件一份。

(4)检测机构对试验样车的现场核查表以及五张进行油耗试验的照片。

2. 达标车型技术审查

1)达标车型的技术初审

由节能中心负责对企业提交的申请材料进行格式初审,申报材料符合要求的,节能中心正式受理,并向申请单位发送《达标车型申请材料受理通知书》;对于不符合要求的,节能中心不予受理,并向申请单位发送《达标车型申请材料补正通知书》。初审主要包括以下两方面:

(1)申报材料是否齐全。

(2)申报材料是否有效。

2)技术审查程序

节能中心负责对企业的申请材料进行技术审查,主要是核对申报车型的参数与《公告》(或"3C")认证参数及检测报告中的技术参数是否一致;是否符合相关标准的要求;检测报告是否全面、有效;综合燃料消耗量是否符合 JT 711—2008、JT 719—2008 标准要求。

技术审查实行初审、复审和核准三级审查制度。

(1)初审人员收到所有申报材料后 10 个工作日内,完成相关车型的技术审查工作,并填写《达标车型技术审查表》。对技术审查中参数表、报告或其他材料有疑问的车型,需列出具体问题和判据。

(2)复审人员 5 个工作日内负责对初审人员审查内容及审查结论进行复核。

(3)核准人员在 2 个工作日内负责对审查结论进行核准。初审和复审结论不一致或核准人员不同意主审、复审结论时,交由节能中心组织 3 人以上的专家组对其进行会审。

(4)通过审查的车型,由节能中心列入拟公告的《达标车型表》。未通过审查的车型,节能中心以书面或者电话通知的形式告知企业,并说明理由。

(5)申报企业对审查结论有异议的,依据交通运输部 11 号令第 18 条,由交通运输部组织专家对技术审查结果进行复核。

(6)节能中心组织专家组会审时,可根据需要对道路运输车辆燃油消耗量检测结果进行复检。复检时间不计入技术审查时间。

三、达标车型变更、扩展的申请

对已经列入《燃料消耗量达标车型表》的车型发生产品扩展、变更后,存在下列情况之一的,车辆生产企业应当按规定程序重新申请:

(1)车长、车宽或者车高超过原参数值 1% 的;

(2)整车整备质量超过原参数值 3% 的;

(3)换装发动机的;

(4)变速器最高挡或者次高挡速比、主减速器速比发生变化的;

(5)子午线轮胎变为斜交轮胎、轮胎横断面增加或者轮胎尺寸变小的。

对于同一车辆生产企业生产的不同型号的车型,同时满足下列条件的,在申报《燃料消耗量达标车型表》时,可以只提交其中一个车型的燃料消耗量检测报告,相关车型一并审查发布:

(1)底盘相同;

(2)整车整备质量相差不超过 3%;

(3)车身外形无明显差异;

(4)车长、车宽、车高相差不超过 1%。

四、视同车型的申请

对于新申报车型与已列入达标车型表的视同车型,如同时满足以下规定时,在申报时,需提交达标车型申请表和《公告》技术参数表或者国家"3C"认证的车辆一致性证书复印件以及视同分析报告等。

(1)底盘相同;

(2)整车整备质量相差不超过 3%;

(3)车身外形无明显差异;

(4)车长、车宽、车高相差不超过 1%。

对于同一车辆生产企业生产的不同型号的车型,如同时满足以上四个条件,在申报时,除提交达标车型申请表和《公告》技术参数表或者国家"3C"认证的车辆一致性证书复印件外,可以只提交由指定检测机构出具的其中一个车型的道路运输车辆燃料消耗量检测报告原件,并提供视同分析报告等。

五、达标车型的汇总上报与撤销

通过技术审查的车型，由节能中心编制《燃料消耗量达标车型表》(公示稿)报送交通运输部审批，并在政府网站上公示5天。节能中心对公示期间反馈的问题进行分析处理，并将拟公告的《燃料消耗量达标车型表》上报到交通运输部道路运输司，经审批后即可进行发布。

车辆生产企业(代理商)对已列入《达标车型表目录》内的车型，凡已取消《公告》或"3C"认证资格的，或申请单位主动提出撤销的，或经节能中心监督检查不符合达标车型要求的，节能中心工作人员应根据具体情况作出撤销建议。

对已列入《达标车型表目录》内的车型作出撤销建议的，由节能中心编制《道路运输车辆燃料消耗量达标车型撤销建议表》(上报稿)报送交通运输部审批。

第四节 营运车辆燃料消耗量检测机构的管理

考虑到车辆燃料消耗量的测量方法相对较为复杂，所需试验场地、试验设施和检测仪器设备等试验条件要求较高，而检测机构的技术力量、检测能力、质量控制和管理水平直接决定着道路运输燃料消耗量检测和监督管理制度的科学性与公正性。因此，《关于申报道路运输车辆燃料消耗量检测机构的公告》(2009年第37号公告)中严格规定了从事道路运输燃料消耗量检测机构所应具备的条件，由检测机构自愿申请，经交通运输部组织专家评审后，选择符合条件的检测机构从事燃料消耗量检测业务。检测机构名单向社会公布，对于未按规定和技术标准开展检测工作或者出具虚假检测报告等情形，将责令限期整改，逾期达不到整改要求的，将其从检测机构的名单中撤除。

道路运输车辆燃料消耗量检测机构的基本条件包括：

(1) 取得相应的实验室资质认定(计量认证)和实验室认可证书，并且认可的技术能力范围涵盖本办法规定的相关技术标准；

(2) 具有实施道路运输车辆燃料消耗量检测工作的检验员、试验车辆驾驶员和技术负责人等专业人员，以及仪器设备管理员、质量负责人等管理人员；

(3) 具有符合道路运输车辆燃料消耗量检测规范要求的燃油流量计、速度分析仪、车辆称重设备。相关设备应当通过计量检定或者校准；

(4) 具有符合道路运输车辆燃料消耗量检测规范要求的试验道路。试验道路应当为平直路，用沥青或者混凝土铺装，长度不小于2km，宽度不小于8m，纵向坡度在 0.1%以内,且路面应当清洁、平坦。租用试验道路的,还应当持有书面租赁合同和出租方使用证明,租赁期限不得少于 3 年;

(5)具有健全的道路运输车辆燃料消耗量检测工作管理制度,包括检测质量控制制度、文件资料管理制度、检测人员管理制度、仪器设备管理制度等。

道路运输车辆燃料消耗量检测机构专家评审组由节能中心的专家、汽车产业主管部门委派的专家、有关科研单位和高等院校的专家以及检测机构所在地省级交通运输部门的专家组成,专家评审组不得少于 5 人。

目前,交通运输部已经进行了两批道路运输车辆燃料消耗量检测机构的审查工作,被授权的检测机构有 16 家。

- ➢ 长春汽车检测中心
- ➢ 国家机动车产品质量监督检验中心(上海)
- ➢ 国家工程机械质量监督检验中心
- ➢ 国家客车质量监督检验中心
- ➢ 国家汽车质量监督检验中心(襄樊)
- ➢ 北方汽车质量监督检验鉴定试验所
- ➢ 国家拖拉机质量监督检验中心
- ➢ 济南汽车检测中心
- ➢ 交通运输部汽车挂车质量监督检验测试中心
- ➢ 国家轿车质量监督检验中心
- ➢ 国家机动车质量监督检验中心(重庆)
- ➢ 海南汽车试验研究所
- ➢ 吉林大学车辆产品检测实验室
- ➢ 中国定远汽车试验场
- ➢ 河北省汽车摩托车质量监督检验站
- ➢ 机械工业专用汽车产品质量检测中心

第五节 营运车辆燃料消耗量的监督管理

交通运输部 2009 年 11 号部令中规定了营运车辆燃料消耗量的监督管理要求,主要包括:

(1)交通运输部应当加强对公布的道路运输车辆燃料消耗量检测机构从事相应检测业务的监督管理工作,建立、完善监督检查制度,不定期派员现场监督检测机构燃料消耗量的检测工作,根据技术审查需要组织专家对车辆燃料消耗量检测结果进行抽查。

(2)检测机构有下列情形之一的,交通运输部应当责令其限期整改。经整改仍达不到要求的,交通运输部应当将其从公布的检测机构名单中撤除:

①未按照规定程序、技术标准开展检测工作;

②伪造检测结论或者出具虚假检测报告;

③未经检测就出具检测报告;

④违反法律、行政法规的其他行为。

(3)交通运输部对列入《燃料消耗量达标车型表》的车型实施动态管理。车辆生产企业弄虚作假,骗取列入《燃料消耗量达标车型表》资格的,交通运输部应当将其从《燃料消耗量达标车型表》中删除,并向社会公布。

(4)节能中心在交通运输部公布违规车型之日起3个月内不得受理该企业车辆列入《燃料消耗量达标车型表》的申请。

(5)省级道路运输管理机构应当加强对本行政区域内道路运输车辆燃料消耗量达标车型的监督管理,督促各地道路运输管理机构严格执行道路运输车辆燃料消耗量达标车型管理的相关制度。

(6)已进入道路运输市场车辆的燃料消耗量指标应当符合 GB 18565—2001《营运车辆综合性能要求和检验方法》的有关要求。

(7)道路运输管理机构应当加强对已进入道路运输市场车辆的燃料消耗量指标的监督管理。对于达到国家规定的报废标准或者经检测不符合标准要求的车辆,不得允许其继续从事道路运输经营活动。

(8)从事道路运输车辆燃料消耗量检测和监督管理工作的人员在检测和监督管理工作中有滥用职权、玩忽职守、徇私舞弊等情形的,依法给予行政处分;构成犯罪的,依法移交司法机关处理。

2010年10月,交通运输部道路运输司组成了3个督查组,对10省市各级机构贯彻落实部11号令情况进行了大检查,重点掌握了11号部令实施情况,对完善实施办法,统一实施要求,起到了推动作用。2011年4月,交通运输部道路运输司组成了2个督查组,对7个授权的检测结构进行了检查,并于5月26日召开了检测机构工作会,对检测机构中存在的问题进行了讨论分析,并为下一步工作的开展提出了明确的方向和要求。监督管理工作是保证我国营运车辆燃料消耗量管理制度得到有效推行的有力保障。

第九章　营运车辆燃油消耗量检测及监管平台简介

目前,我国营运车辆燃料消耗量准入管理工作主要通过《营运车辆燃料消耗量检测和监督管理平台》即道路运输车辆燃油消耗量检测及监督管理信息服务网(atestsc.mot.gov.cn)进行,为相关单位和个人提供网上办理业务服务,提供达标车型数据管理及查询服务,提供与各级运管部门信息系统的集成服务,打破空间距离限制,保证准入制度高效有序实施。

平台的网络界面如图 9-1 所示。平台的系统功能结构如图 9-2 所示,下面将分系统详细介绍平台的功能和操作方法。

图 9-1　网站登录界面

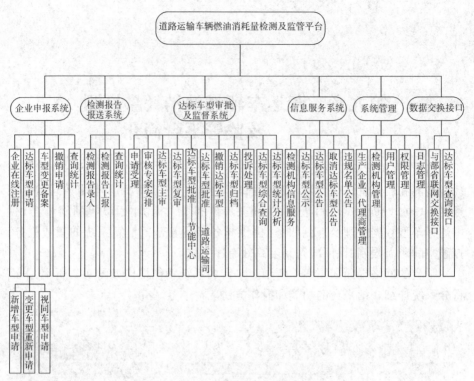

图9-2 系统功能结构图

第一节 企业申报系统

企业申报系统界面如图9-3所示,使用用户为生产企业和代理商。

通过本系统完成车型燃耗申请、提交材料、对申请过程的跟踪(可查看在审车型的审批状态,并可对审批过程中审批单位反馈的问题作出及时响应,如补充材料等),可查看本生产企业、代理商申请已通过及未通过的达标车型信息。

1. 企业在线注册

提供生产企业(代理商)注册功能,只有系统许可的注册用户才能使用企业申报系统。注册时填写相关信息(附电子材料),并将证明材料传真至节能中心。节能中心审核通过后方能使用申报子系统。申报表格、营业执照扫描件(公章);代理商还需提供生产企业的授权证明。

2. 达标车型申请

每个申请可以查看详细、打印、导出、补充材料。

1)新增车型申请

新车型申报界面如图9-4所示。

企业或代理商填写《道路运输车辆燃料消耗量达标车型申请表》,道路运输车辆燃料消耗量检测报告扫描件、公告参数表或一致性证书扫描件。

图9-3 企业申报系统界面

网上受理同时,企业或代理商应提交相应材料的纸质文档(加盖企业公章)。

图9-4 新车型申报界面

2)变更车型重新申请

针对在重新申请范围之内的车型变更,应走车型变更重新申请流程。

企业或代理商填写《道路运输车辆燃料消耗量达标车型申请——车型变更申请表》，如果已具有道路运输车辆燃料消耗量检测报告需同时提交电子扫描件。

网上受理同时，企业或代理商应提交相应材料的纸质文档。

3) 视同车型申请 (型号相同)

视同车型的申报，可选定视同车型中已达标的车型，同时提交申请车型的申请表及各项参数和主要配置 (公告技术参数或国家强制性产品认证的车辆一致性证书)。视同车型申报界面如图9-5所示。

管理办法中规定，同一车辆生产企业生产的不同型号的车型，同时满足下列条件的，在申报《燃料消耗量达标车型表》时，可以只提交其中一个车型的燃料消耗量检测报告，相关车型可一并审查发布：

① 底盘相同；

② 整车整备质量相差不超过3%；

③ 车身外形无明显差异；

④ 车长、车宽、车高相差不超过1%。

图9-5 视同车型申报界面

4) 视同车型申请 (型号不同)

视同车型的申报，可选定视同车型中已达标的车型，同时提交申请车型的申请表及各项参数和主要配置 (公告技术参数或国家强制性产品认证的车辆一致性证书)。

管理办法中规定,同一车辆生产企业生产的不同型号的车型,同时满足下列条件的,在申报《燃料消耗量达标车型表》时,可以只提交其中一个车型的燃料消耗量检测报告,相关车型可一并审查发布:

①底盘相同;
②整车整备质量相差不超过3%;
③车身外形无明显差异;
④车长、车宽、车高相差不超过1%。

3. 车型变更备案

如果车型发生其他扩展、变更,且在重新申请范围之外,那么走车型变更申请流程。车型变更申报界面如图9-6所示。

填写变更申请及变更内容,提交《发生扩展、变更后的车辆仍能满足道路运输车辆燃料消耗量限值要求的承诺书》。

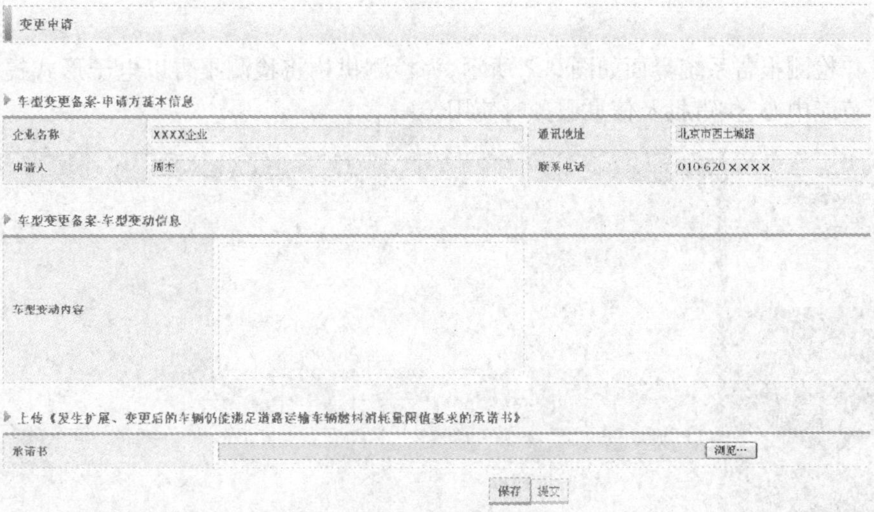

图9-6 车型变更申报界面

管理办法中规定,已经列入《燃料消耗量达标车型表》的车型发生产品扩展、变更后,存在下列情况之一的,车辆生产企业应当按规定程序重新申请:

①车长、车宽或者车高超过原参数值1%的;
②整车整备质量超过原参数值3%的;
③换装发动机的;
④变速器最高挡或者次高挡速比,主减速器速比发生变化的;
⑤子午线轮胎变为斜交轮胎、轮胎横断面增加或者轮胎尺寸变小的。

已经列入《燃料消耗量达标车型表》的车型发生其他扩展、变更的,车辆生产企业应当将相关信息及时告知节能中心,并提交发生扩展、变更后的车辆仍能满足道路运输车辆燃料消耗量限值要求的承诺书。节能中心应当将相关车型的扩展、变更信息及时呈报交通运输部。

4. 撤销申请

因材料不齐或其他原因,对于正在预审阶段申请的车型,申请方可主动撤销。撤销时提供撤销的原因说明。

5. 查询统计

根据申请起始日期、申请截止日期、车辆类型、产品名称、产品型号、申请状态等关键字对本企业的达标车型申请信息进行查询统计。

第二节 检测报告报送系统

检测报告系统界面如图9-7所示,为检测机构将检测报告以电子形式提交到节能中心,供审批及信息服务时使用。

图9-7 检测报告报送界面

1. 检测报告录入

将经过检测的车型信息及燃油消耗信息录入系统。检测报告输入界面如图9-8所示。

2. 检测报告上报

检测机构将出具的检测报告原件提供生产企业的同时需在网上填写进行备案同时报送到节能中心。

3. 查询统计

可根据报告日期起、出具报告日期止、厂商名称、车辆类型、产品名称、状态等条件查询检测报告信息。

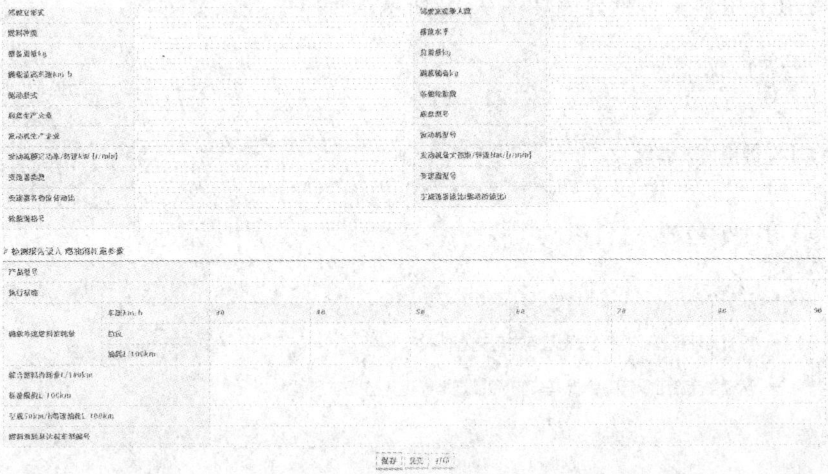

图9-8 检测报告输入界面

第三节 达标车型审批及监督系统

达标车型审批及监督系统界面如图9-9所示。

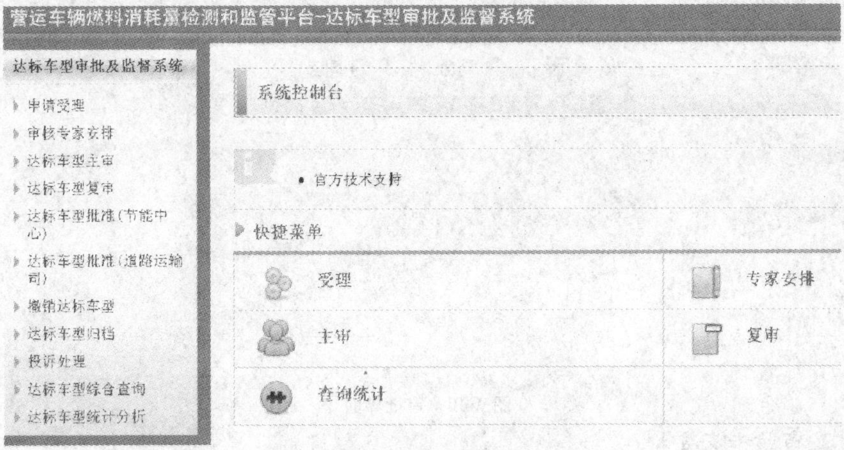

图9-9 达标车型审批界面

1. 申请受理

节能中心对申请方提供的材料进行初步审核,查看提交的资料及填写的信息,给予受理结果通知单。若拒绝受理须给出拒绝原因,如材料不齐全,需申请人尽快补充资料。审批界面如图 9-10 所示。

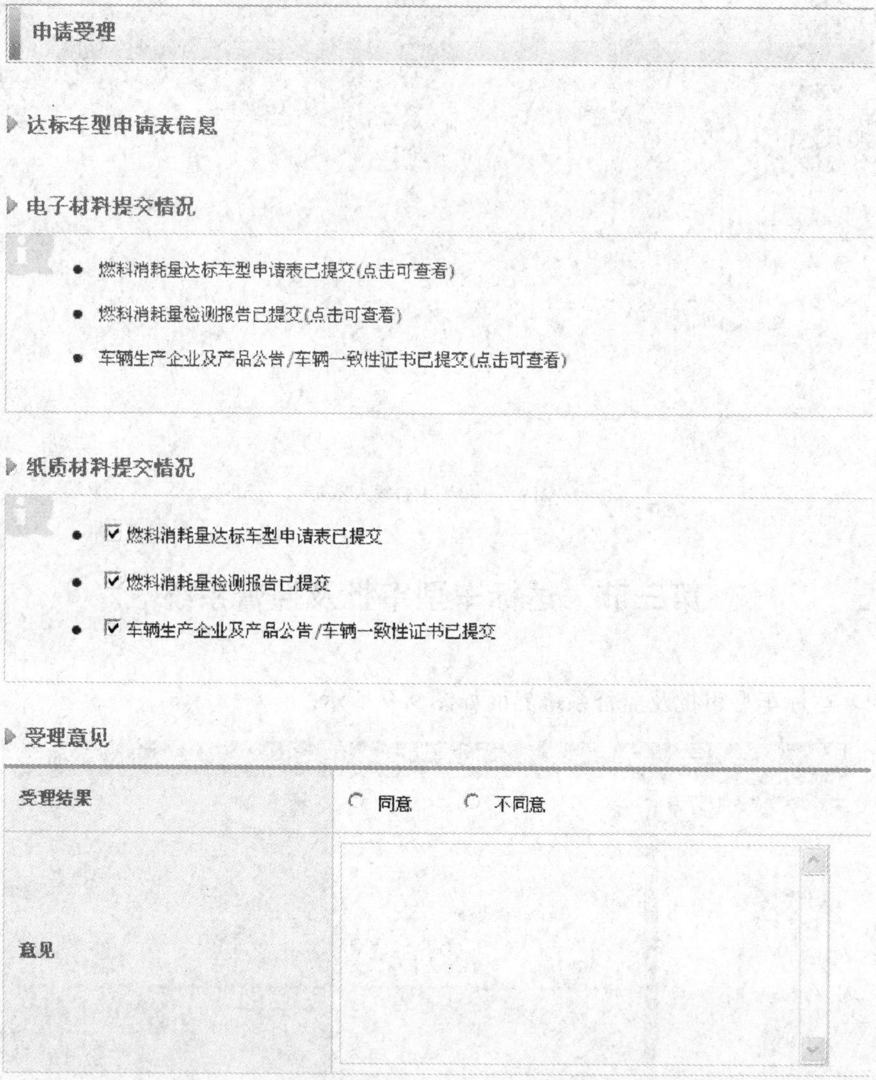

申请受理

▶ 达标车型申请表信息

▶ 电子材料提交情况
- 燃料消耗量达标车型申请表已提交(点击可查看)
- 燃料消耗量检测报告已提交(点击可查看)
- 车辆生产企业及产品公告/车辆一致性证书已提交(点击可查看)

▶ 纸质材料提交情况
- ☑ 燃料消耗量达标车型申请表已提交
- ☑ 燃料消耗量检测报告已提交
- ☑ 车辆生产企业及产品公告/车辆一致性证书已提交

▶ 受理意见

受理结果	○ 同意 ○ 不同意
意见	

图 9-10　审批界面

2. 审核专家安排

节能中心对已受理并且资料提供齐全的申请安排审查、复审专家,对于资料不完整的可通知申请者。已安排专家的申请资料申请方不能取消,也不能更改内容。审批专家的选择界面如图9-11所示。

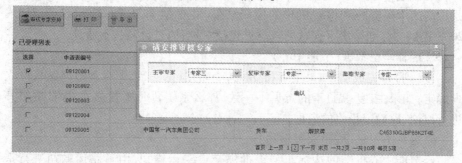

图 9-11 审批专家选择

3. 达标车型主审

对申请者提供的资料进行审查,审查的主要依据是厂商的申报资料和检查机构的检测结果,并根据 JT 711—2008 或 JT 719—2008 提供的标准给出审查意见,意见包括三种:通过、待定、不通过。达标车型主审的界面如图9-12所示。

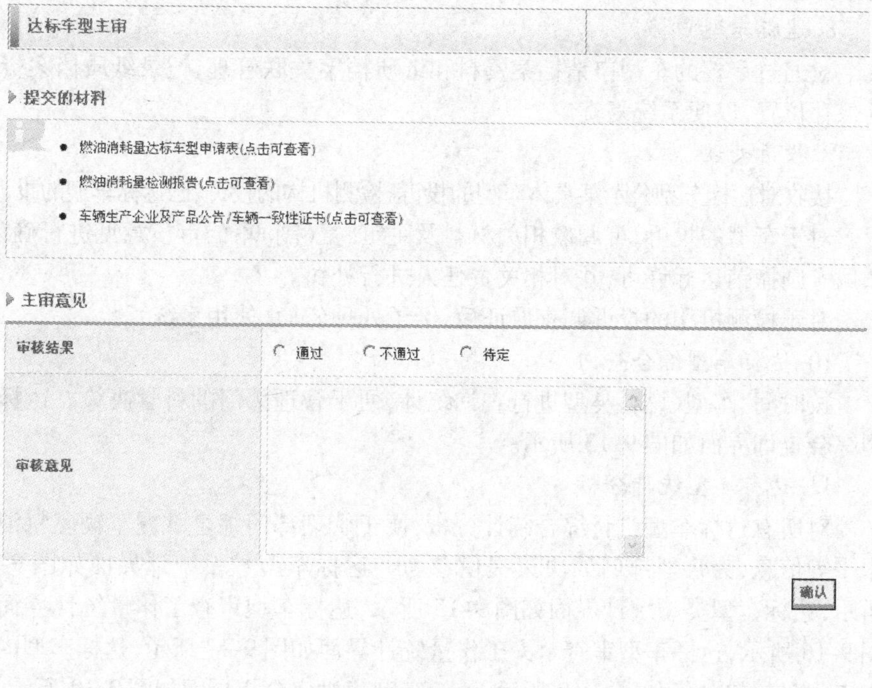

图 9-12 达标车型主审

4. 达标车型复(副)审

对经过审查的申请,复(副)审人员给出复(副)审的意见(审查的主要依据是厂商的申报资料和检查机构的检测结果,并根据 JT 711—2008 或 JT 719—2008 提供的标准给出审查意见),意见包括三种:通过、待定、不通过。

5. 达标车型批准(节能中心)

复(副)审完成后,如果主审和复(副)审的意见一致,那么其最终结果可立即确定;如果主、复(副)审的意见不一致,那么系统暂时搁置意见,待日后对其进行讨论,以确定最终的意见。

6. 达标车型批准(道路运输司)

经节能中心批准的达标车型审批提交道路运输司,由道路运输司进行审批。若审批通过则进入公示阶段,若不通过则发回节能中心进行处理。公示期间无异议的车型,由道路运输司最终批准该申请并向社会公告。

7. 撤销达标车型

在公示期内,根据社会公众反馈情况,不予发布该车型。

维护达标车型信息,可以设置达标车型取消标志,取消时要记录取消原因。对于弄虚作假的单位,3 个月内不允许申请。

8. 达标车型归档

对通过审核的车型申请档案资料和纸质档案关联管理,记录纸质档案资料的保存位置,以便系统复查。

9. 投诉处理

接收对达标车型公示某具体车型的投诉、检测机构的投诉、已达标车型的投诉。

对于车型的投诉,可调取相关材料及主审、复(副)审的审核意见进行确认。如属实则撤销达标许可,并对相关责任人进行处罚。

对于检测机构的投诉调查取证后,给予处理(禁止使用系统)。

10. 达标车型综合查询

按时间、车型、燃料类型进行查询统计,便于管理部门的科学决策。达标车型综合查询界面如图 9-13 所示。

11. 达标车型统计分析

对所有达标车型进行综合统计分析,便于管理部门综合掌握车辆燃料消耗水平等信息,为管理部门的决策提供参考。达标车型数量统计界面如图 9-14 所示,达标车型类型统计界面如图 9-15 所示,达标车型审查工作量统计界面如图 9-16 所示,达标车型审查个人工作量统计界面如图 9-17 所示,达标车型的审查工作量趋势分析如图 9-18 所示,达标车型通过率分析界面如图 9-19 所示,达标车型公示平台如图 9-20 所示。

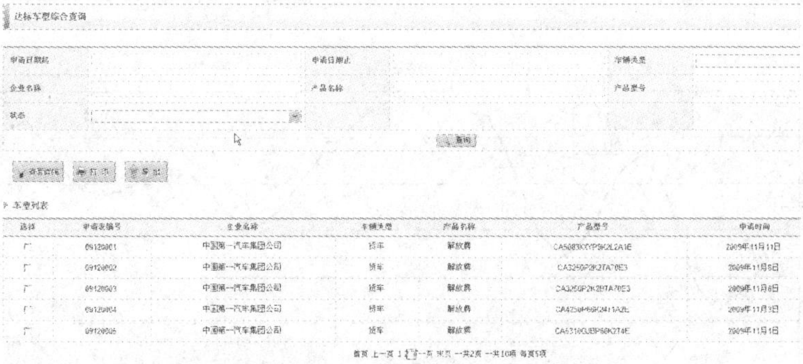

第九章 营运车辆燃油消耗量检测及监管平台简介

图 9-13 达标车型查询

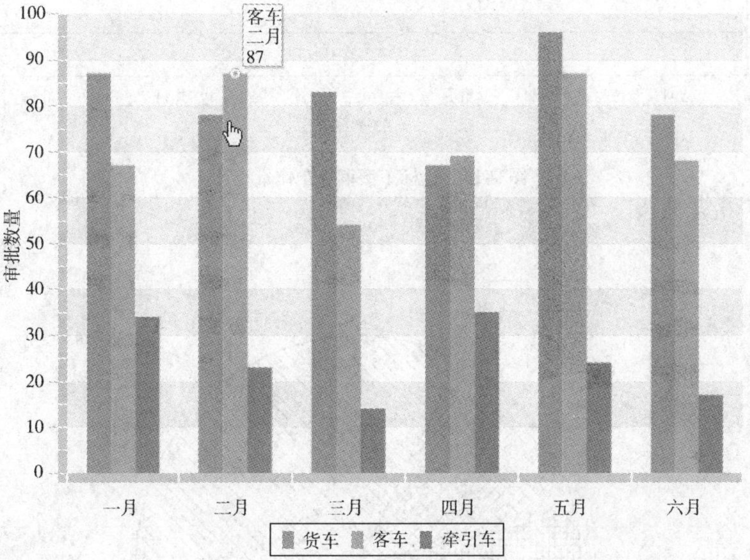

图 9-14 达标车型数量统计

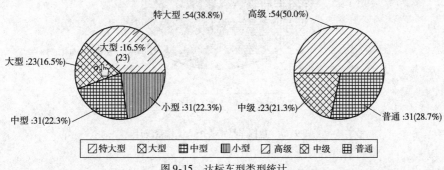

图 9-15 达标车型类型统计

· 123 ·

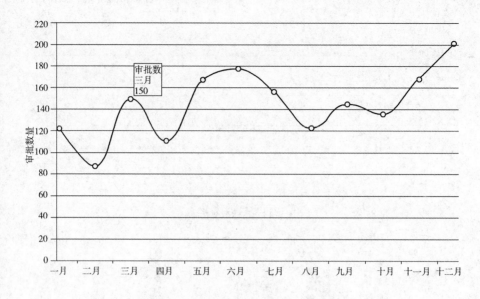

图 9-16 达标车型审查工作量统计

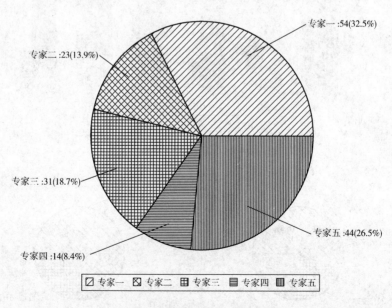

图 9-17 达标车型审查个人工作量统计

第九章 营运车辆燃油消耗量检测及监管平台简介

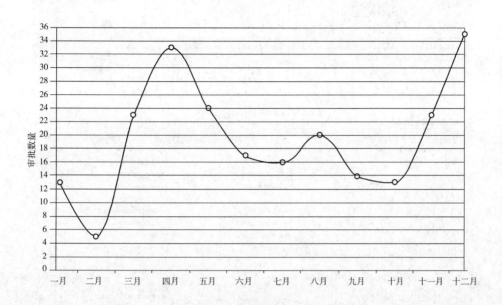

图 9-18 达标车型审查工作量趋势分析

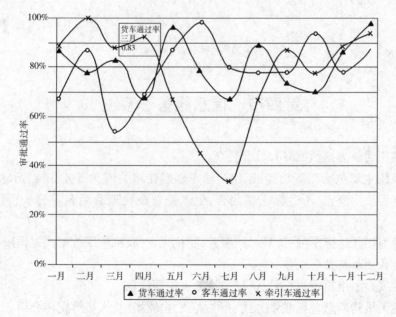

图 9-19 达标车型通过率分析

· 125 ·

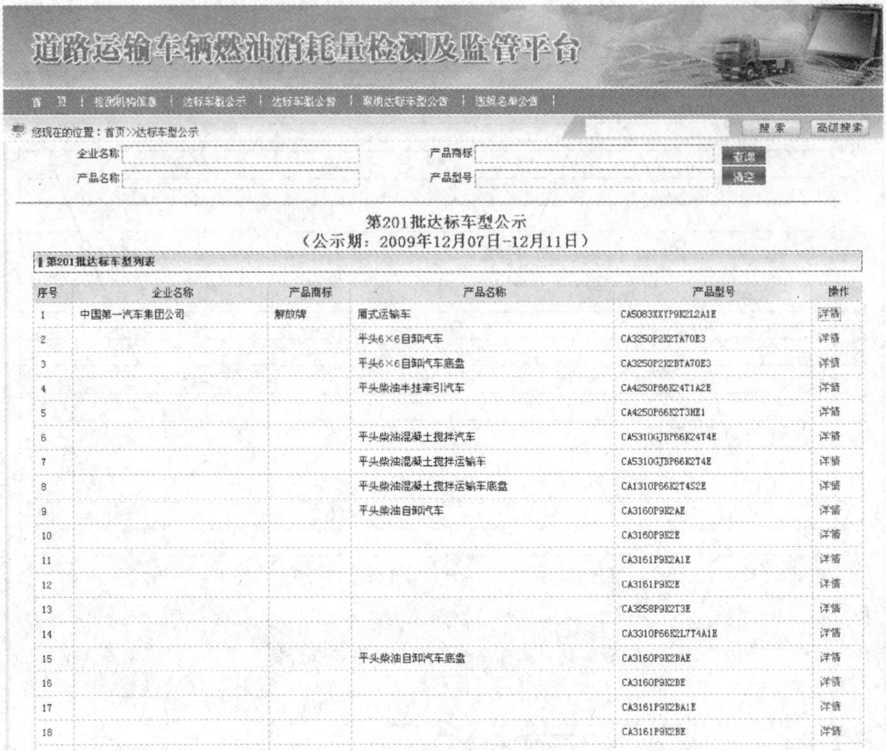

第201批达标车型公示
（公示期：2009年12月07日-12月11日）

第201批达标车型列表

序号	企业名称	产品商标	产品名称	产品型号	操作
1	中国第一汽车集团公司	解放牌	厢式运输车	CA5083XXYP9K2L2A1E	详情
2			平头6×6自卸汽车	CA3250P2K2TA70E3	详情
3			平头6×6自卸汽车底盘	CA3250P2K2BTA70E3	详情
4			平头柴油半挂牵引汽车	CA4250P66K24T1A2E	详情
5				CA4250P66K2T3HE1	详情
6			平头柴油混凝土搅拌汽车	CA5310GJBP66K24T4E	详情
7			平头柴油混凝土搅拌运输车	CA5310GJBP66K2T4E	详情
8			平头柴油混凝土搅拌运输车底盘	CA1310P66K2T4S2E	详情
9			平头柴油自卸汽车	CA3160P9K2AE	详情
10				CA3160P9K2E	详情
11				CA3161P9K2A1E	详情
12				CA3161P9K2E	详情
13				CA3258P9K2T3E	详情
14				CA3310P66K2L7T4A1E	详情
15			平头柴油自卸汽车底盘	CA3160P9K2BAE	详情
16				CA3160P9K2BE	详情
17				CA3161P9K2BA1E	详情
18				CA3161P9K2BE	详情

图 9-20　达标车型公示平台

第四节　信息服务子系统

使用对象为:运管部门、社会公众。

系统主要包括以下功能:道路运输车辆燃耗相关信息服务、道路运输燃耗达标车型公示公告、不达标车型公告、生产企业及代理商黑名单公告、网上投诉等。

针对燃耗达标车型可以网站、服务、脱机光盘、联机应用等形式提供服务。

1. 检测机构信息服务

主要显示申报流程、通过认证的检测机构等信息。

检测机构信息包括联系方式、相关资质、检测场地、人员等宣传介绍。

2. 达标车型公示

节能中心将审核通过的车型信息进行公示,接受监督、投诉,公示期为 5 个工作日。公示期内接受投诉并进行相关处理。

公示的信息为：批次、企业名称、产品商标、产品名称、产品型号，可查看公告信息、燃耗检测报告。

3. 达标车型公告

按批次显示道路运输车辆燃料消耗量达标车型信息，可查看具体车型的企业、车型信息及燃料消耗量检测报告。

提供简单查询、高级查询功能，便于用户查询。

4. 取消达标车型公告

显示取消的燃料消耗量不达标车型，可查看具体车型的企业、车型信息及燃料消耗量检测报告。

提供方便的查询功能（图9-21）。

图9-21　达标车型查询平台

5. 生产企业代理商、检测机构违规名单公告

根据管理办法，对于车辆生产企业弄虚作假，骗取列入《燃料消耗量达标车型表》资格的，交通运输部应当将其从《燃料消耗量达标车型表》中删除，并向社会公布。节能中心在交通运输部公布违规车型之日起3个月内不得受理该企业车型列入《燃料消耗量达标车型表》的申请。

在本模块发布违规生产企业、代理商信息。

第五节　系统管理

1. 生产企业、代理商管理

审核生产企业、代理商的注册信息；对违规生产企业、代理商进行暂停车型申请及恢复。可查看生产企业代理商历史申报情况，已达标、未达标车型等档案数据。

2. 检测机构管理

对检测机构进行备案、分配系统账号；暂停、恢复或撤销等。可查看检测机构检测报告、检测历史记录等档案数据。

3. 用户管理

对系统用户进行添加、修改、删除等管理，系统用户分为：车辆企业、检测机构、节能中心、交通运输部。

4. 权限管理

对系统用户权限进行分配管理。

5. 日志管理

对系统用户的操作日志进行管理，便于查询、统计、监督。

附录 A JT 711—2008 营运客车燃料消耗量限值及测量方法

ICS 03.220.20
R 06
备案号：

中 华 人 民 共 和 国 交 通 运 输 行 业 标 准

JT 711—2008

营运客车燃料消耗量限值及测量方法

Limits and measurement methods of fuel consumption for
commercial vehicle for passenger transportation

2008-04-18 发布　　　　　　　　　　　　　　2008-09-01 实施

中华人民共和国交通运输部　发布

前　言

本标准的全部技术内容为强制性。

本标准自实施之日起执行第一阶段限值,第 19 个月开始执行第二阶段限值。

本标准的附录 a 为规范性附录。

本标准由交通部能源管理办公室提出并归口。

本标准起草单位:交通部公路科学研究院。

本标准参加单位:江苏省交通厅运输管理局、山西省交通运输管理局、山西汽运集团、苏州汽车客运集团有限公司、厦门特运集团有限公司、中国第一汽车集团公司、厦门金龙旅行车有限公司、金龙联合汽车工业(苏州)有限公司、安徽安凯汽车股份有限公司、南京依维柯汽车有限公司、丹东黄海汽车有限责任公司、郑州宇通客车股份有限公司、西安西沃客车有限公司、金华青年汽车制造有限公司、中国公路车辆机械有限公司、长安大学。

本标准主要起草人:刘莉、张学利、王维、蔡凤田、李永福、张红卫、窦秋月、何勇、杨泽中、范健、席建华、高有山、刘晓亮、董金松、赵侃等。

附录A　JT 711—2008营运客车燃料消耗量限值及测量方法

营运客车燃料消耗量限值及测量方法

1　范围

本标准规定了营运客车燃料消耗量限值及测量方法。

本标准适用于燃用柴油或汽油且最大总质量超过3500kg的营运客车。

2　规范性引用文件

下列文件中的条款通过本标准的引用而构成为本标准的条款。凡是注日期的引用文件,其随后所有的修改单(不包括勘误的内容)或修订版均不适用于本标准,然而,鼓励根据本标准达成协议的各方研究是否可使用这些文件的最新版本。凡是不注日期的引用文件,其最新版本适用于本标准。

　　GB 1589　道路车辆外廓尺寸、轴荷及质量限值

　　GB/T 3730.2　道路车辆质量词汇和代码

　　GB/T 12534　汽车道路试验方法通则

　　GB/T 12545.2　商用车辆燃料消耗量试验方法

　　JT/T 325　营运客车类型划分及等级评定

3　术语和定义

GB/T 3730.2 和 JT/T 325 确立的以及下列术语和定义适用于本标准。

3.1

　　空载　unladen

车辆处于整车整备质量加二人及试验仪器的状态。

3.2

　　满载　laden

车辆处于厂定最大总质量的状态。

4　测量方法

4.1　车辆核查

试验前应对车辆基本信息进行核查,核查项目见附录a,其中车辆尺寸及质

量参数应符合 GB 1589 的规定。

4.2 试验条件

4.2.1 试验路应为平直路,路面应清洁、干燥、平坦,用沥青或混凝土铺装,长度应满足测量需要,纵向坡度在 0.1% 以内。

4.2.2 试验时的气象条件及试验车辆准备等应符合 GB/T 12534 的规定。

4.2.3 车辆轮胎气压、燃料、润滑油(脂)、制动液等应符合 GB/T 12534 及车辆制造厂的规定。

4.2.4 当车辆可选装斜交轮胎及子午线轮胎时,应装用斜交轮胎进行试验;当车辆可选装不同尺寸轮胎时,应装用小尺寸轮胎进行试验。

4.2.5 试验仪器及精度要求如下:
——车速测量仪器:精度为 0.5%;
——燃料流量计:精度为 0.5%;
——计时器:最小分度值为 0.1s。

4.2.6 试验时应关闭车窗、驾驶室通风口及空调,只允许为驱动车辆所需的设备工作。

4.3 试验方法

4.3.1 车辆满载,手动变速器车辆应置于最高挡或次高挡,自动变速器车辆应置于前进挡,在各试验车速下,保持车辆平稳行驶至少 100m 后,等速通过 500m 的试验路,测量车辆通过该路段的时间和燃料消耗量。

JT/T 325 规定的各类高级车,试验车速分别为 50km/h、60km/h、70km/h、80km/h、90km/h、100km/h;JT/T 325 规定的中级、普通级车,试验车速分别为 40km/h、50km/h、60km/h、70km/h、80km/h。

4.3.2 车辆空载,手动变速器车辆应置于次高挡,自动变速器车辆应置于前进挡,在 60km/h 车速下,保持车辆平稳行驶至少 100m 后,等速通过 500m 的试验路,测量通过该路段的时间和燃料消耗量。

4.3.3 每个试验车速,应在测试路段上往返测量各两次。

4.3.4 每次试验的平均速度与规定试验速度之差不得超过 2km/h。

4.3.5 试验结果应按 GB/T 12545.2 的规定进行重复性检验。

4.4 等速燃料消耗量的计算

取同一试验车速下每次燃料消耗量测量结果的算术平均值作为该车速的等速燃料消耗量测定值,并按 GB/T 12545.2 规定的方法进行标准状态校正。

当试验环境温度为 0~5℃时,采用 5℃的温度校正系数,当试验环境温度为 35~40℃时,采用 35℃的温度校正系数。60km/h 空载等速燃料消耗量作为在用车辆燃料经济性评价的参比值。

4.5 综合燃料消耗量的计算

营运客车的综合燃料消耗量 Q 按公式(1)计算。

$$Q = \sum_i (\overline{Q}_{0i} \times k_i) \tag{1}$$

式中:Q ——综合燃料消耗量,L/100km;

$\overline{Q}_{0i}$ ——在第 i 个车速下校正后的满载等速燃料消耗量,L/100km;

k_i ——在第 i 个车速下的满载等速燃料消耗量权重系数(见表1)。

表1 营运客车在各规定车速下的满载等速燃料消耗量权重系数

	车速(km/h)	40	50	60	70	80	90	100
特大型	高级	—	0.03	0.02	0.02	0.20	0.55	0.18
	中级及普通级	0.05	0.10	0.25	0.30	0.30	—	—
特大型	高级	—	0.01	0.02	0.02	0.15	0.55	0.25
	中级及普通级	0.05	0.10	0.25	0.30	0.30	—	—
中型	高级	—	0.05	0.05	0.05	0.20	0.60	0.05
	中级及普通级	0.05	0.10	0.30	0.30	0.25	—	—
小型	高级	—	0.02	0.04	0.04	0.30	0.30	0.30
	中级及普通级	0.05	0.10	0.30	0.30	0.25	—	—

5 燃料消耗量限值

营运客车燃料消耗量限值用综合燃料消耗量指标表示。柴油客车燃料消耗量限值见表2。汽油客车燃料消耗量限值为相应车长柴油客车限值的1.15倍(取值按四舍五入圆整至小数点后一位)。

表2 营运柴油客车燃料消耗量限值　　　　单位:L/100km

车型	车长L（m）	第一阶段		第二阶段	
		高级车	中级及普通级车	高级车	中级及普通级车
特大型	$L>12$	28.5	28.0	28.0	27.0
大型	$11<L\leq12$	27.1	22.8	24.4	20.5
	$10<L\leq11$	26.5	21.7	23.9	19.5
	$9<L\leq10$	25.0	19.4	22.5	17.5
中型	$8<L\leq9$	21.5	17.3	19.4	15.6
	$7<L\leq8$	20.0	16.7	18.0	15.0
	$6<L\leq7$	17.1	14.3	15.4	12.9
小型	$L\leq6$	14.4	12.0	13.0	10.8

附　录　a
（规范性附录）
车辆核查项目

车辆核查项目见表a.1。

表a.1　车 辆 核 查 项 目

客车生产企业			
产品名称		商标	
产品型号		公告批次	
车辆识别代号(VIN)		出厂日期	
底盘ID号		发动机型号	
底盘型号		发动机排量/功率(mL/kW)	
底盘生产企业		发动机生产企业	
轮胎规格		前/后轮胎数	
悬架形式		驱动形式	
燃料种类		排放标准	
轴数		钢板弹簧片数(前/后)	
外形尺寸（mm）	长	载客人数(人)	
	宽	总质量(kg)	
	高	整备质量(kg)	
满载轴荷(kg)		满载最高车速(km/h)	

附录B JT 719—2008 营运货车燃料消耗量限值及测量方法

ICS 03.220.20
R 06
备案号：

中华人民共和国交通运输行业标准

JT 719—2008

营运货车燃料消耗量限值及测量方法

Limits and measurement methods of fuel consumption for
commercial vehicle for cargos transportation

2008-06-05 发布　　　　　　　　　　2008-09-01 实施

中华人民共和国交通运输部　发布

前　　言

本标准的全部技术内容为强制性。

本标准自实施之日起执行第一阶段限值,第 19 个月开始执行第二阶段限值。

本标准的附录 a 为规范性附录。

本标准由交通部能源管理办公室提出并归口。

本标准起草单位:交通部公路科学研究院。

本标准参加单位:江苏省交通厅运输管理局、山东省交通厅道路运输局、吉林省运输管理局、四川省交通厅道路运输管理局、云南省道路运输管理局、中国第一汽车集团公司、北汽福田汽车股份有限公司、中国重型汽车集团有限公司、包头北方奔驰重型汽车有限责公司、陕西汽车集团有限责任公司、安徽江淮汽车股份有限公司、北京祥龙物流有限公司、云南昆明交通运输集团有限公司、江苏金陵交运集团有限公司、吉林大学、北京航空航天大学、南通市汽车综合性能检测中心。

本标准主要起草人:王维、刘莉、张学利、蔡凤田、李永福、张红卫、窦秋月、何勇、杨泽中、范健、王范聪、赵侃、高有山、董金松、吴东风、张洪、林巍等。

营运货车燃料消耗量限值及测量方法

1 范围

本标准规定了营运货车燃料消耗量限值及测量方法。

本标准适用于燃用柴油或汽油且最大总质量为 3500～49000kg 的营运货车。

2 规范性引用文件

下列文件中的条款通过本标准的引用而构成为本标准的条款。凡是注日期的引用文件,其随后所有的修改单(不包括勘误的内容)或修订版均不适用于本标准,然而,鼓励根据本标准达成协议的各方研究是否可使用这些文件的最新版本。凡是不注日期的引用文件,其最新版本适用于本标准。

GB 1589　道路车辆外廓尺寸、轴荷及质量限值

GB/T 3730.1　汽车和挂车类型的术语和定义(GB/T 3730.1—2001,ISO/WD 3833:1999,MOD)

GB/T 3730.2　道路车辆　质量　词汇和代码(GB/T 3730.2—1996,idt ISO 1176:1990)

GB/T 3730.3　汽车和挂车的术语及其定义车辆尺寸(GB/T 3730.3—1992,neq ISO 612:1978)

GB/T 12534　汽车道路试验方法通则

GB/T 12545.2　商用车辆燃料消耗量试验方法

JT 711　营运客车燃料消耗量限值及测量方法

3 术语和定义

GB/T 3730.1～3730.3 和 JT 711 确立的以及下列术语和定义适用于本标准。

3.1

营运货车　commercial vehicle for cargos transportation

用于营业性货物运输的汽车和汽车列车。

4 测量方法

4.1 车辆核查

试验前应对车辆基本信息进行核查,核查项目见附录a。核查的车辆尺寸及质量参数应符合 GB 1589 的规定,且车长、车宽与车高应不超过公告值的1%;整车整备质量与满载轴荷应不超过公告值的3%。

4.2 试验条件

4.2.1 试验路应为平直路,路面应清洁、干燥、平坦,用沥青或混凝土铺装;试验路长度应满足测量需要;纵向坡度在 0.1% 以内。

4.2.2 试验时的气象条件及试验车辆准备等应符合 GB/T 12534 的规定。

4.2.3 车辆轮胎气压、燃料、润滑油(脂)、制动液等应符合 GB/T 12534 及车辆制造厂的规定。

4.2.4 当车辆可选装斜交轮胎及子午线轮胎时,应装用斜交轮胎进行试验;当车辆可选装不同直径轮胎时,应装用直径小的轮胎进行试验;当车辆在同一轮胎直径下可选装不同宽度轮胎时,应装用宽度大的轮胎进行试验。

4.2.5 试验仪器及精度要求如下:

车速测量仪器:精度为 0.5%;

燃料流量计:精度为 0.5%;

计时器:最小分度值为 0.1s。

4.2.6 试验时应关闭车窗、驾驶室通风口及空调,只允许为驱动车辆所需的设备工作。

4.3 试验方法

4.3.1 车辆满载,手动变速器车辆应置于最高挡或次高挡(当最高挡不能满足等速需要时采用次高挡),自动变速器车辆应置于前进挡,在各试验车速下,保持车辆平稳行驶至少 100m 后,等速通过 500m 的试验路,测量车辆通过该路段的时间和燃料消耗量。试验车速分别为 40km/h,50km/h,60km/h,70km/h,80km/h,自卸汽车(单车)试验车速分别为 30km/h,40km/h,50km/h,60km/h,70km/h。

4.3.2 车辆空载,手动变速器车辆应置于最高挡或次高挡,自动变速器车辆应置于前进挡,半挂汽车列车需将牵引车与半挂车脱挂,在 50km/h 车速下,保持车辆平稳行驶至少 100m 后,等速通过 500m 的试验路,测量通过该路段的时间和燃料消耗量。

4.3.3 每个试验车速应在测试路段上往返测量各二次。

4.3.4 每次试验的平均速度与规定试验速度之差不得超过 2km/h。

4.3.5 试验结果应按 GB/T 12545.2 的规定进行重复性检验。

4.4 等速燃料消耗量的计算

取同一试验车速下每次燃料消耗量测量结果的算术平均值作为该车速的等速燃料消耗量测定值,并按 GB/T 12545.2 规定的方法进行标准状态校正。当试验环境温度为 0～5℃时,采用5℃的温度校正系数,当试验环境温度为 35～40℃时,采用35℃的温度校正系数。50km/h 空载等速燃料消耗量作为在用车辆燃料经济性评价的参比值。

4.5 综合燃料消耗量的计算

营运货车的综合燃料消耗量 Q 按公式(1)计算。

$$Q = \sum_{i}(\overline{Q}_{0i} \times k_i) \tag{1}$$

式中:Q ——综合燃料消耗量,单位为升每 100 千米(L/100km);

$\overline{Q}_{0i}$ ——在第 i 个车速下校正后的满载等速燃料消耗量,单位为升每 100 千米(L/100km);

k_i ——在第 i 个车速下的满载等速燃料消耗量权重系数(见表1)。

表1 营运货车在各规定车速下的满载等速燃料消耗量权重系数

	车速(km/h)	30	40	50	60	70	80
k_i	汽车(单车)	—	0.05	0.05	0.10	0.20	0.60
	自卸汽车(单车)	0.05	0.10	0.25	0.30	0.30	—
	半挂汽车列车	—	0.05	0.10	0.10	0.50	0.25

5 燃料消耗量限值

营运货车燃料消耗量限值用综合燃料消耗量指标表示。柴油货车汽车(单车)、自卸汽车(单车)及半挂汽车列车的燃料消耗量限值见表2～表4。汽油货车燃料消耗量限值为相应总质量柴油货车限值的 1.15 倍(取值按四舍五入圆整至小数点后一位)。

表2 营运柴油汽车(单车)燃料消耗量限值

车辆总质量 T(kg)	第一阶段限值(L/100km)	第二阶段限值(L/100km)
3500 < T ≤ 5000	12.6	11.3
5000 < T ≤ 7000	16.3	14.7
7000 < T ≤ 9000	18.8	16.9
9000 < T ≤ 11000	21.5	19.4

续上表

车辆总质量 T(kg)	第一阶段限值(L/100km)	第二阶段限值(L/100km)
$11000 < T \leqslant 13000$	23.8	21.4
$13000 < T \leqslant 15000$	25.7	23.1
$15000 < T \leqslant 17000$	27.4	24.7
$17000 < T \leqslant 19000$	28.9	26.0
$19000 < T \leqslant 21000$	30.2	27.2
$21000 < T \leqslant 23000$	31.4	28.3
$23000 < T \leqslant 25000$	32.5	29.3
$25000 < T \leqslant 27000$	33.5	30.2
$27000 < T \leqslant 29000$	34.5	31.1
$29000 < T \leqslant 31000$	35.5	32.0

表3 营运柴油自卸汽车(单车)燃料消耗量限值

车辆总质量 T(kg)	第一阶段限值(L/100km)	第二阶段限值(L/100km)
$3500 < T \leqslant 5000$	12.4	11.2
$5000 < T \leqslant 7000$	15.4	13.9
$7000 < T \leqslant 9000$	18.3	16.5
$9000 < T \leqslant 11000$	20.7	18.6
$11000 < T \leqslant 13000$	22.7	20.4
$13000 < T \leqslant 15000$	24.2	21.8
$15000 < T \leqslant 17000$	25.4	22.9
$17000 < T \leqslant 19000$	26.1	23.5
$19000 < T \leqslant 21000$	26.6	23.9
$21000 < T \leqslant 23000$	26.9	24.2
$23000 < T \leqslant 25000$	27.2	24.5
$25000 < T \leqslant 27000$	27.9	25.1
$27000 < T \leqslant 29000$	29.0	26.1
$29000 < T \leqslant 31000$	31.1	28.0

表4 营运柴油半挂汽车列车燃料消耗量限值

列车总质量 T(kg)	第一阶段限值(L/100km)	第二阶段限值(L/100km)
$T \leqslant 27000$	39.0	35.1
$27000 < T \leqslant 35000$	39.9	35.9
$35000 < T \leqslant 43000$	42.0	38.0
$43000 < T \leqslant 49000$	43.0	39.0

附 录 a
（规范性附录）
车辆核查项目

车辆核查项目见表a.1。

表a.1 车辆核查项目

货车生产企业			
产品名称		商标	
产品型号		公告批次	
车辆识别代号(VIN)		出厂日期	
底盘ID号		发动机型号	
底盘型号		发动机排量/功率(mL/kW)	
底盘生产企业		发动机生产企业	
轮胎规格		前/后轮胎数	
悬架形式		驱动形式	
燃料种类		排放标准	
轴数		钢板弹簧片数(前/后)	
外形尺寸(mm)	长	总质量(kg)	
	宽	整备质量(kg)	
	高	额定载质量(kg)	
货厢栏板内尺寸[a](mm)	长	驾驶室准乘人数	
	宽	满载轴荷(kg)	
	高	满载最高车速(km/h)	
自卸车倾卸方式[a]		载质量利用系数	
牵引车鞍座最大允许承载质量[a](kg)		准拖挂车总质量[a](kg)	

[a]——本项目为对应相应类别车型的核查项目,非此类别车型可不核查该项目。

附录C 《道路运输车辆燃料消耗量检测和监督管理办法》交通运输部令 2009 年第 11 号

中华人民共和国交通运输部令
2009 年第 11 号

《道路运输车辆燃料消耗量检测和监督管理办法》已于 2009 年 6 月 22 日经第 6 次部务会议通过，现予公布，自 2009 年 11 月 1 日起施行。

部长　李盛霖
二〇〇九年六月二十六日

道路运输车辆燃料消耗量检测和监督管理办法

第一章 总 则

第一条 为加强道路运输车辆节能降耗管理，根据《中华人民共和国节约能源法》和《中华人民共和国道路运输条例》，制定本办法。

第二条 道路运输车辆燃料消耗量检测和监督管理适用本办法。

本办法所称道路运输车辆，是指拟进入道路运输市场从事道路旅客运输、货物运输经营活动，以汽油或者柴油为单一燃料的国产和进口车辆。

第三条 总质量超过 3500 千克的道路旅客运输车辆和货物运输车辆的燃料消耗量应当分别满足交通行业标准《营运客车燃料消耗量限值及测量方法》（JT 711，以下简称 JT 711）和《营运货车燃料消耗量限值及测量方法》（JT 719，以下简称 JT 719）的要求。

不符合道路运输车辆燃料消耗量限值标准的车辆，不得用于营运。

第四条 交通运输部主管全国道路运输车辆燃料消耗量检测和监督管理工作。交通运输部汽车运输节能技术服务中心（以下简称节能中心）作为交通运输部开展道路运输车辆燃料消耗量检测和监督管理工作的技术支持单位。

县级以上地方人民政府交通运输主管部门负责组织领导本行政区域内道路运输车辆燃料消耗量达标车型的监督管理工作。

县级以上道路运输管理机构按照本办法规定的职责负责具体实施本行政区域内道路运输车辆燃料消耗量达标车型的监督管理工作。

第五条 道路运输车辆燃料消耗量检测和监督管理工作应当遵循公平、公正、公开和便民的原则。

第二章 检测管理

第六条 交通运输部组织专家评审,选择符合下列条件的检测机构从事道路运输车辆燃料消耗量检测业务,并且向社会公布检测机构名单:

(一)取得相应的实验室资质认定(计量认证)和实验室认可证书,并且认可的技术能力范围涵盖本办法规定的相关技术标准;

(二)具有实施道路运输车辆燃料消耗量检测工作的检验员、试验车辆驾驶员和技术负责人等专业人员,以及仪器设备管理员、质量负责人等管理人员;

(三)具有符合道路运输车辆燃料消耗量检测规范要求的燃油流量计、速度分析仪、车辆称重设备。相关设备应当通过计量检定或者校准;

(四)具有符合道路运输车辆燃料消耗量检测规范要求的试验道路。试验道路应当为平直路,用沥青或者混凝土铺装,长度不小于2km,宽度不小于8m,纵向坡度在0.1%以内,且路面应当清洁、平坦。租用试验道路的,还应当持有书面租赁合同和出租方使用证明,租赁期限不得少于3年;

(五)具有健全的道路运输车辆燃料消耗量检测工作管理制度,包括检测质量控制制度、文件资料管理制度、检测人员管理制度、仪器设备管理制度等。

道路运输车辆燃料消耗量检测机构专家评审组由节能中心的专家、汽车产业主管部门委派的专家、有关科研单位和高等院校的专家以及检测机构所在地省级交通运输部门的专家组成,专家评审组不得少于5人。

第七条 车辆生产企业可以自愿选择经交通运输部公布的检测机构进行车辆燃料消耗量检测。

第八条 检测机构应当严格按照规定程序和相关技术标准的要求开展车辆燃料消耗量检测工作,提供科学、公正、及时、有效的检测服务。

第九条 检测机构不得将道路运输车辆燃料消耗量检测业务委托至第三方。

第十条 检测机构应当如实记录检测结果和车辆核查结果,据实出具统一要求的道路运输车辆燃料消耗量检测报告。

第十一条 检测机构应当将道路运输车辆燃料消耗量检测过程的原始记

录和检测报告存档,档案保存期不少于4年。

第十二条 检测机构应当对所出具的道路运输车辆燃料消耗量检测报告的真实性和准确性负责,并承担相应的法律责任。

第三章 车型管理

第十三条 燃料消耗量检测合格并且符合本办法第十五条规定条件的车型,方可进入道路运输市场。

第十四条 对道路运输车辆实行燃料消耗量达标车型管理制度。交通运输部对经车辆生产企业自愿申请,并且经节能中心技术审查通过的车型以《道路运输车辆燃料消耗量达标车型表》(以下简称《燃料消耗量达标车型表》)的形式向社会公布。

《燃料消耗量达标车型表》车型可与《车辆生产企业及产品公告》(以下简称《公告》)车型同时申请。

第十五条 《燃料消耗量达标车型表》所列车型应当符合下列条件:

(一)已经列入《公告》的国产车辆或者已经获得国家强制性产品认证的进口车辆;

(二)各项技术参数和主要配置与《公告》或者国家强制性产品认证的车辆一致性证书保持一致;

(三)经交通运输部公布的检测机构检测,符合道路运输车辆燃料消耗量限值标准的要求。

第十六条 拟列入《燃料消耗量达标车型表》的车型,由车辆生产企业向节能中心提交下列材料:

(一)道路运输车辆燃料消耗量达标车型申请表一式两份(式样见附件1);

(二)《公告》技术参数表或者国家强制性产品认证的车辆一致性证书复印件一份;

(三)检测机构出具的道路运输车辆燃料消耗量检测报告原件一份。

第十七条 节能中心应当依据第十五条的规定,自收到车辆生产企业的材料之日起20个工作日内完成对相关车型的技术审查。经技术审查,不符合条件的,节能中心应当书面告知车辆生产企业,并说明理由;符合条件的,应当将车型及相关信息汇总整理后报交通运输部。

第十八条 未通过技术审查的车辆生产企业对技术审查结果有异议的,可以在收到书面告知材料的5个工作日内向交通运输部要求复核。交通运输部应当组织专家对技术审查结果进行复核。

第十九条 交通运输部应当及时对通过技术审查的车型在互联网上予以公示,公示期为5个工作日。

第二十条 对经公示后无异议的车型,交通运输部应当及时向社会公布。对公示后有异议且经查实不符合条件的车型,不予发布,并且告知车辆生产企业。

《燃料消耗量达标车型表》至少每季度发布一次。

第二十一条 已经列入《燃料消耗量达标车型表》的车型发生产品扩展、变更后,存在下列情况之一的,车辆生产企业应当按规定程序重新申请:

(一)车长、车宽或者车高超过原参数值1%的;

(二)整车整备质量超过原参数值3%的;

(三)换装发动机的;

(四)变速器最高档或者次高档速比,主减速器速比发生变化的;

(五)子午线轮胎变为斜交轮胎、轮胎横断面增加或者轮胎尺寸变小的。

已经列入《燃料消耗量达标车型表》的车型发生其他扩展、变更的,车辆生产企业应当将相关信息及时告知节能中心,并提交发生扩展、变更后的车辆仍能满足道路运输车辆燃料消耗量限值要求的承诺书。节能中心应当将相关车型的扩展、变更信息及时报交通运输部。

第二十二条 对于同一车辆生产企业生产的不同型号的车型,同时满足下列条件的,在申报《燃料消耗量达标车型表》时,可以只提交其中一个车型的燃料消耗量检测报告,相关车型一并审查发布:

(一)底盘相同;

(二)整车整备质量相差不超过3%;

(三)车身外形无明显差异;

(四)车长、车宽、车高相差不超过1%。

第二十三条 车辆生产企业对已经列入《燃料消耗量达标车型表》的车辆,应当在随车文件中明示其车辆燃料消耗量参数(式样见附件2)。

第二十四条 县级以上道路运输管理机构在配发《道路运输证》时,应当按照《燃料消耗量达标车型表》对车辆配置及参数进行核查。相关核查工作可委托汽车综合性能检测机构实施。

经核查,未列入《燃料消耗量达标车型表》或者与《燃料消耗量达标车型表》所列装备和指标要求不一致的,不得配发《道路运输证》。

第二十五条 交通运输部建立道路运输车辆燃料消耗量达标车型查询网络及数据库。省级道路运输管理机构应当将相关数据库纳入本行政区域道路运输信息系统。

第四章 监督管理

第二十六条 交通运输部应当加强对公布的道路运输车辆燃料消耗量检测机构从事相应检测业务的监督管理工作,建立、完善监督检查制度,不定期派员现场监督检测机构燃料消耗量的检测工作,根据技术审查需要组织专家对车辆燃料消耗量检测结果进行抽查。

第二十七条 检测机构有下列情形之一的,交通运输部应当责令其限期整改。经整改仍达不到要求的,交通运输部应当将其从公布的检测机构名单中撤除:

(一)未按照规定程序、技术标准开展检测工作;

(二)伪造检测结论或者出具虚假检测报告;

(三)未经检测就出具检测报告;

(四)违反法律、行政法规的其他行为。

第二十八条 交通运输部对列入《燃料消耗量达标车型表》的车型实施动态管理。车辆生产企业弄虚作假,骗取列入《燃料消耗量达标车型表》资格的,交通运输部应当将其从《燃料消耗量达标车型表》中删除,并向社会公布。

节能中心在交通运输部公布违规车型之日起3个月内不得受理该企业车辆列入《燃料消耗量达标车型表》的申请。

第二十九条 省级道路运输管理机构应当加强对本行政区域内道路运输车辆燃料消耗量达标车型的监督管理,督促各地道路运输管理机构严格执行道路运输车辆燃料消耗量达标车型管理的相关制度。

第三十条 已进入道路运输市场车辆的燃料消耗量指标应当符合《营运车辆综合性能要求和检验方法》(GB 18565)的有关要求。

道路运输管理机构应当加强对已进入道路运输市场车辆的燃料消耗量指标的监督管理。对于达到国家规定的报废标准或者经检测不符合标准要求的车辆,不得允许其继续从事道路运输经营活动。

第三十一条 从事道路运输车辆燃料消耗量检测和监督管理工作的人员在检测和监督管理工作中有滥用职权、玩忽职守、徇私舞弊等情形的,依法给予行政处分;构成犯罪的,依法移交司法机关处理。

第五章 附 则

第三十二条 城市公共汽车、出租车及总质量不超过3500千克的客运、货运车辆的燃料消耗量限值标准和监督管理的实施步骤另行规定。

附录C 《道路运输车辆燃料消耗量检测和监督管理办法》交通运输部令2009年第11号

第三十三条 本办法自2009年11月1日起施行。道路运输管理机构自2010年3月1日起,在配发《道路运输证》时,应当将燃料消耗量作为必要指标,对照《燃料消耗量达标车型表》进行核查。

附件1 车辆燃料消耗量达标车型申请表

表C.1 客车燃料消耗量达标车型申请表

正前面照片		右前45°照片	
★企业名称(盖章)		通信地址	
★产品名称		《公告》批次("3C"证号)	
★产品型号		类型及等级	
整车参数			
★外形尺寸(长×宽×高)(mm)		★载客人数(含驾驶员)	
燃料种类		排放水平	
★整备质量(kg)		★总质量(kg)	
满载最高车速(km/h)		满载轴荷(kg)	
驱动形式		各轴轮胎数	
底盘参数			
★底盘生产企业			
★底盘型号			
★发动机生产企业			
★发动机型号			
发动机额定功率/转速[kW/(r/min)]			
发动机最大扭矩/转速[N·m/(r/min)]			
变速器类型			
★变速器型号			
变速器各挡位传动比			
★主减速器速比(驱动桥速比)			
★轮胎规格型号			
★综合燃料消耗量(L/100km)			
★60km/h空载等速燃料消耗量(L/100km)			
检测单位			
联系人		电话	

★为《燃料消耗量达标车型表》中公布的项目(下同)。

表C.2 货车燃料消耗量达标车型申请表

正前面照片		右前45°照片	
★企业名称(盖章)		通信地址	
★产品名称		《公告》批次("3C"证号)	
★产品型号			
整 车 参 数			
★外形尺寸(长×宽×高)(mm)		驾驶室形式	
★货厢栏板内尺寸(长×宽×高)(mm)或容积(m³)		驾驶室准乘人数	
燃料种类		排放水平	
★整备质量(kg)		★总质量(kg)	
满载最高车速(km/h)		满载轴荷(kg)	
★驱动形式		各轴轮胎数	
底 盘 参 数			
★底盘生产企业			
★底盘型号			
★发动机生产企业			
★发动机型号			
发动机额定功率/转速[kW/(r/min)]			
发动机最大扭矩/转速[N·m/(r/min)]			
变速器类型			
★变速器型号			
变速器各挡位传动比			
★主减速器速比(驱动桥速比)			
★轮胎规格型号			
★综合燃料消耗量(L/100km)			
★50km/h空载等速燃料消耗量(L/100km)			
检测单位			
填表人		电话	

表 C.3　牵引车燃料消耗量达标车型申请表

正面面照片	右前45°照片

★企业名称(盖章)		通信地址	
★产品名称		《公告》批次("3C"证号)	
★产品型号			
整 车 参 数			
★外形尺寸(长×宽×高)(mm)		★整备质量(kg)	
★牵引座最大允许承载质量(kg)		★准拖挂车总质量(kg)	
驾驶室形式		驾驶室准乘人数	
燃料种类		排放水平	
★驱动形式		各轴轮胎数	
发动机生产企业			
★发动机型号			
发动机额定功率/转速[kW/(r/min)]			
发动机最大扭矩/转速[N·m/(r/min)]			
变速器类型			
★变速器型号			
变速器各挡位传动比			
★主减速器速比(驱动桥速比)			
★轮胎规格型号			
汽车列车参数			
汽车列车总质量(kg)		牵引车满载总质量(kg)	
牵引车满载轴荷(kg)		满载最高车速(km/h)	
★综合燃料消耗量(L/100km)			
★50km/h 空载等速燃料消耗量(L/100km)			
检测单位			
联系人		电话	

附件2 车辆燃料消耗量参数表

表C.4 客车燃料消耗量参数表

产品型号								
执行标准		JT 711《营运客车燃料消耗量限值及测量方法》						
满载等速燃料消耗量	车速(km/h)	40	50	60	70	80	90	100
	挡位							
	油耗(L/100km)							
综合燃料消耗量(L/100km)								
标准限值(L/100km)								
空载60km/h 等速油耗(L/100km)								
检测机构								
燃料消耗量达标车型编号								
车辆生产企业						(盖章)		

表C.5 货车燃料消耗量参数表

产品型号							
执行标准		JT 719《营运货车燃料消耗量限值及测量方法》					
满载等速燃料消耗量	车速(km/h)	30	40	50	60	70	80
	挡位						
	油耗(L/100km)						
综合燃料消耗量(L/100km)							
标准限值(L/100km)							
空载50km/h 等速油耗(L/100km)							
检测机构							
燃料消耗量达标车型编号							
车辆生产企业					(盖章)		

说明:(1)表C.4和表C.5应由车辆生产企业依据JT 711或JT 719、燃料消耗量检测报告以及《燃料消耗量达标车型表》印制或者填写,且必须加盖企业公章。

(2)表格大小、字体和字号可根据需要进行调整,但表格内容不得减少。

(3)燃料消耗量达标车型编号填写为: 年第 批第 号。

附录 D　道路运输车辆燃料消耗量达标车型车辆参数及配置核查工作规范

第一条　为加强道路运输车辆节能降耗管理，规范道路运输车辆燃料消耗量达标车型（以下简称达标车型）车辆参数及配置核查工作，根据《道路运输车辆燃料消耗量检测和监督管理办法》（交通运输部令 2009 年第 11 号）、《营运客车燃料消耗量限值及测量方法》（JT 711）和《营运货车燃料消耗量限值及测量方法》（JT 719），制订本规范。

第二条　本规范适用于拟进入道路运输市场的，以汽油或者柴油为单一燃料，总质量超过 3500 千克的道路旅客运输车辆和货物运输车辆。

城市公共汽车、出租汽车和不以汽油或者柴油为单一燃料，以及总质量不超过 3500 千克的道路运输车辆，其燃料消耗量检测和监督管理的实施步骤及时间另行规定。

第三条　县级以上道路运输管理机构应当按照本规范要求，本着公开、公平、公正和便民的原则，负责本辖区内的达标车型车辆参数及配置核查工作。

县级以上道路运输管理机构可以委托符合国家标准《汽车综合性能检测站能力的通用要求》（GB/T 17993）、具备道路运输车辆综合性能检测资格的汽车综合性能检测站，按照本规范要求，实施达标车型车辆参数及配置核查工作。

第四条　县级以上道路运输管理机构在达标车型车辆参数及配置核查工作中的职责分工：

（一）省级道路运输管理机构。

1. 负责组织并指导本辖区内达标车型车辆参数及配置核查的管理和宣传工作，督促市、县级道路运输管理机构严格执行本规范和相关规定。

2. 负责组织市、县级道路运输管理机构和受委托的汽车综合性能检测站相关核查人员的培训工作。

3. 每半年向交通运输部上报本辖区达标车型核查工作情况，汇总上报《道路运输车辆燃料消耗量达标车型表》（以下简称《达标车型表》）中经核查不符合达标条件车辆的车辆型号及生产企业。

4. 负责对在本辖区内承担道路运输车辆燃料消耗量车型产品检测的机构进行监督检查。

5. 负责建立和完善本辖区道路运输信息系统有关达标车型核查网络及数据库。

（二）市、县级道路运输管理机构。

1. 负责实施本辖区内达标车型车辆参数及配置的核查工作，积极开展车辆燃料消耗量检测和监督管理的宣传工作，组织对达标车型车辆参数及配置核查人员（含相关工作人员）的业务培训。

2. 按照本规范规定的车辆参数及配置核查项目和方法对车辆进行核查。建立和落实工作责任制，建立核查车辆管理档案。

3. 指导、督促受委托的汽车综合性能检测站制定相关核查工作制度，落实核查工作责任制，建立核查车辆检测档案。

4. 为社会提供达标车型和核查的相关咨询服务。

5. 定期向上级道路运输管理机构上报本辖区达标车型核查工作情况。

6. 按规定及时将达标车型核查信息录入道路运输信息系统。

第五条　县级以上道路运输管理机构或者受委托的汽车综合性能检测站核查人员，对申请配发《道路运输证》的新购车辆，按照以下程序进行核查：

（一）2010年3月1日至2011年2月28日，新购车辆核查。

1. 核查人员依据申请人提供的《机动车行驶证》上记载的车辆型号，检索交通运输部公布的《过渡期车型表》。

2. 车辆型号在《过渡期车型表》内的车辆，按原《道路运输证》发放程序办理营运手续。车辆型号不在《过渡期车型表》内的车辆，再检索交通运输部公布的《达标车型表》。

3. 车辆型号在《达标车型表》内的车辆，核查人员依据申请人提供的《机动车登记证书》、《整车出厂合格证》复印件等技术文件，按照附表D.1规定的项目及方法，对车辆进行实车核查。核查结果符合《达标车型表》中相应车型参数及配置要求的车辆，判定合格；否则判定不合格，并告知申请人车辆不合格项目及原因。车辆型号不在《达标车型表》内的车辆，终止核查。

（二）2011年3月1日起，新购车辆核查。

1. 核查人员依据申请人提供的《机动车行驶证》上记载的车辆型号，检索交通运输部公布的《达标车型表》。对车辆型号不在《达标车型表》的车辆，终止核查。

2. 车辆型号在《达标车型表》内的车辆，核查人员依据申请人提供的《机动车登记证书》、《整车出厂合格证》复印件等技术文件，按照附表D.1规定的项目及方法，对车辆的参数及配置进行实车核查。核查结果符合《达标车型表》相应车型参数和配置要求的车辆，判定合格；否则判定不合格，并告知申请人车辆不合格项目及原因。

（三）在用车辆转籍核查。

1. 非营运车辆转为营运车辆的核查。自 2010 年 3 月 1 日起,非营运车辆拟转为营运车辆的车辆型号应在《过渡期车型表》或《达标车型表》的公布范围内,并按新购车辆核查规定进行核查。

2. 营运车转籍核查。营运车转籍按附表 D.1 规定的项目及方法进行核查合格后,按《道路运输证》现行发放程序办理营运手续。

第六条 按照高效和便民原则,达标车型车辆参数及配置核查应与车辆综合性能检测相结合。受委托的汽车综合性能检测站在出具的车辆综合性能检测报告单中,应增加外形尺寸、整备质量、驱动形式、轮胎规格、货箱栏板内尺寸或容积、牵引座最大允许承载质量、准拖挂车总质量等项目,作为车辆唯一性确认的内容,并在检测结论中予以注明。

第七条 申请人对达标车型核查结果有异议的,可以向上一级道路运输管理机构申请复核。

第八条 对达标车型车辆核查合格且符合配发《道路运输证》其他条件的,县级以上道路运输管理机构应当予以配发《道路运输证》;对车辆未列入《过渡期车型表》和《达标车型表》的,或经核查不合格的,不得配发《道路运输证》。

第九条 县级以上道路运输管理机构和受委托的汽车综合性能检测站,对核查工作中遇到的问题应及时处理,并以书面形式逐级上报交通运输部。车辆核查存在的问题按照附表 D.2 的形式,每半年逐级上报道路运输管理机构。

第十条 道路运输管理机构应加强对受委托汽车综合性能检测站的监督检查,根据需要对其核查结果进行抽查。

第十一条 本规范自 2010 年 3 月 1 日起施行。

附件 1 道路运输车辆燃料消耗量达标车型核查项目方法

表 D.1 道路运输车辆燃料消耗量达标车型核查项目及方法

序号	核 查 项 目	核 查 方 法
1	车辆型号	车辆铭牌和行驶证上标称的型号
2	载客人数(含驾驶员)	实查客车座椅(卧铺)的总数量,含驾驶员和导游座椅
3	外形尺寸	按国家标准 GB/T 12673 的规定进行实测
4	整备质量	实测
5	总质量	车辆铭牌上标称的质量
6	发动机型号	发动机铭牌上标称的型号
7	底盘型号	底盘铭牌上标称的型号
8	驱动型式	实查,如 4×2、4×4、6×2、6×4、8×4 等

续上表

序号	核查项目	核查方法
9	轮胎规格	实查
10	货箱栏板内尺寸或容积	普通栏板车、厢式车、仓栅车、蓬式车、自卸车等实测尺寸,罐式车按罐体铭牌核查容积
11	牵引座最大允许承载质量	半挂牵引车铭牌和合格证上标称的鞍座最大允许总质量
12	准拖挂车总质量	半挂车牵引车行驶证和车辆铭牌上标称的准牵引总质量

附件2 道路运输车辆燃料消耗量核查存在问题汇总表

表 D.2 道路运输车辆燃料消耗量核查存在问题汇总表

申报单位(盖章):

序号	车辆生产企业名称	存在问题		备注
		车辆数	主要原因	

填报人: 填报日期: 联系电话:

附录 E　道路运输车辆燃料消耗量达标车型申请及技术审查实施细则

一、总则

1. 目的和适用范围

为更好地贯彻执行交通运输部第 11 号令，指导并规范交通运输部汽车运输节能技术服务中心（以下简称节能中心）做好燃料消耗量达标车型（以下简称达标车型）的技术审查工作，保证达标车型的申请、受理、技术审查和汇总上报等工作规范、科学、高效，更好地为车辆生产厂家服务，保证所开展的各项工作公平、公正、公开、规范、科学、便民，维护各方的利益，更好地服务于社会和行业，特制订本细则。

二、燃料消耗量达标车型的申请

2. 达标车型的申请

申请列入《道路运输车辆燃料消耗量达标车型表》的车型，其车辆生产企业（进口车辆为车辆生产企业或其代理商）向节能中心提交以下材料：

（1）《道路运输车辆燃料消耗量达标车型申请表》一式两份。（附件 1）

（2）汽车行业新产品《公告》技术参数表或者国家"3C"认证的车辆一致性证书复印件一份。

与《公告》或者国家"3C"认证同时申请的车型，待《公告》或者国家"3C"认证批准后可补上《公告》批次及技术参数表或者国家"3C"认证的车辆一致性证书复印件。

（3）交通运输部指定检测机构出具的道路运输车辆燃料消耗量检测报告原件一份。

3. 达标车型变更、扩展的申请

（1）已列入《道路运输车辆燃料消耗量达标车型表》的车型发生产品变更或扩展后，若存在部 11 号令第 21 条规定情况之一的，车辆生产企业（进口车辆为车辆生产企业或其代理商）应按规定程序重新申请，提交车型变更、扩展申请表（附件 2）、《公告》技术参数表或者国家"3C"认证的车辆一致性证书复印件、指定检测机构出具的道路运输车辆燃料消耗量检测报告原件。

（2）已经列入《道路运输车辆燃料消耗量达标车型表》的车型发生其他类

型的更变、扩展,不属于部 11 号令第 21 条规定情况的,车辆生产企业(代理商)应将相关信息填入车型变更、扩展申请表(附件 2),及时以书面方式告知节能中心,并提交发生扩展、变更后的车辆仍能满足道路运输车辆燃料消耗量限值要求的承诺书和变更、扩展的佐证材料。

4. 视同车型的申请

(1)对于新申报车型与已列入《道路运输车辆燃料消耗量达标车型表》的视同车型,如满足部 11 号令第 22 条规定情况,在申报时,需提交《道路运输车辆燃料消耗量达标车型申请表》和《公告》技术参数表或者国家"3C"认证的车辆一致性证书复印件以及视同分析报告。

(2)对于同一车辆生产企业生产的不同型号的车型,如满足部 11 号令第 22 条规定情况,在申报时,除提交《道路运输车辆燃料消耗量达标车型申请表》和《公告》技术参数表或者国家"3C"认证的车辆一致性证书复印件外,可以只提交由指定检测机构出具的其中一个车型的道路运输车辆燃料消耗量检测报告原件,并提供视同分析报告。

5. 达标车型的申请时间

车辆生产企业每个工作日均可向节能中心提交达标车型申请材料。

6. 车辆生产企业(代理商)已达标车型的撤销

对已列入《道路运输车辆燃料消耗量达标车型表目录》内车型,凡已取消《公告》("或 3C")认证资格的,或申请单位主动提出撤销的,或经节能中心监督检查不符合达标车型要求的,节能中心工作人员应根据具体情况作出撤销建议。

三、燃料消耗量达标车型的技术审查

7. 达标车型的技术初审

由节能中心负责对车辆生产企业(代理商)提交的申请材料进行格式初审,申报材料符合要求的,节能中心正式受理,并向申请单位发送《道路运输车辆燃料消耗量达标车型申请材料受理通知书》;对于不符合要求的,节能中心不予受理,并向申请单位发送《道路运输车辆燃料消耗量达标车型申请材料补正通知书》。

初审主要包括以下几方面:

(1)申报材料是否齐全。

(2)申报材料是否有效。

8. 技术审查程序

节能中心负责对车辆生产企业(代理商)的申请材料进行技术审查,主要是

核对申报车型的参数与《公告》(或"3C")及检测报告中的技术参数是否一致；是否符合相关标准的要求；检测报告是否全面、有效；综合燃料消耗量是否符合标准要求。

技术审查实行主审、复审和核准三级审查制度。

(1)主审人员收到所有申报材料后在技术审查的10个工作日内，完成相关车型的技术审查工作，并填写《道路运输车辆燃料消耗量达标车型技术审查表》(附件3)。

对技术审查中参数表、报告或其他材料有疑问的车型,交由节能中心组织3人以上的专家组对其进行会审。

(2)复审人员在2个工作日内负责对主审人员审查内容及审查结论进行复核。

(3)核准人员在2个工作日内负责对审查结论进行核准。

主审和复审结论不一致或核准人员不同意主审、复审结论时交由节能中心组织3人以上的专家组对其进行会审。

(4)通过审查的车型,由节能中心填写《道路运输车辆燃料消耗量达标车型表》。未通过审查的车型,节能中心书面告知车辆生产企业(代理商),并说明理由。

(5)申报企业对审查结论有异议的,依据部11号令第18条,由交通运输部组织专家对技术审查结果进行复核。

(6)节能中心组织专家组会审时,可根据需要对道路运输车辆燃油消耗量检测结果进行复检。复检时间不计入技术审查时间。

9.技术审查时间

节能中心每月11日至30日进行技术审查。

四、达标车型的汇总、上报与撤销

10.达标车型汇总与上报

通过技术审查的车型,由节能中心编制《道路运输车辆燃料消耗量达标车型表》(上报稿)报送交通运输部审批。

11.已达标车型的撤销

对已列入《道路运输车辆燃料消耗量达标车型表目录》内车型作出撤销建议的,由节能中心编制《道路运输车辆燃料消耗量达标车型撤销建议表》(上报稿)报送交通运输部审批。

附件1 道路运输车辆燃料消耗量达标车型申请表

表 E.1 道路运输车辆燃料消耗量达标车型申请表（客车）

正前面照片		右前45°照片	
★企业名称(盖章)		通信地址	
★产品名称		《公告》批次（"3C"证号）	
★产品型号		类型及等级	
整车参数			
★外形尺寸（长×宽×高）(mm)		★载客人数（含驾驶员）	
燃料种类		排放水平	
★整备质量(kg)		★总质量(kg)	
满载最高车速(km/h)		满载轴荷(kg)	
驱动形式		各轴轮胎数	
底盘参数			
★底盘生产企业			
★底盘型号			
★发动机生产企业			
★发动机型号			
发动机额定功率/转速[kW/(r/min)]			
发动机最大扭矩/转速[N·m/(r/min)]			
变速器类型			
★变速器型号			
变速器各挡位传动比			
★主减速器速比(驱动桥速比)			
★轮胎规格型号			
★综合燃料消耗量(L/100km)			
★60km/h空载等速燃料消耗量(L/100km)			
检测单位			
联系人		电话	

★ 为《道路运输车辆燃料消耗量达标车型表》中公布的项目（下同）。

表 E.2　道路运输车辆燃料消耗量达标车型申请表（货车）

正前面照片		右前 45°照片	
★企业名称(盖章)		通信地址	
★产品名称		《公告》批次("3C"证号)	
★产品型号			
整车参数			
★外形尺寸(长×宽×高)(mm)		驾驶室形式	
★货厢栏板内尺寸(长×宽×高)(mm)或容积(m^3)		驾驶室准乘人数	
燃料种类		排放水平	
★整备质量(kg)		★总质量(kg)	
满载最高车速(km/h)		满载轴荷(kg)	
★驱动形式		各轴轮胎数	
底盘参数			
★底盘生产企业			
★底盘型号			
★发动机生产企业			
★发动机型号			
发动机额定功率/转速[kW/(r/min)]			
发动机最大扭矩/转速[N·m/(r/min)]			
变速器类型			
★变速器型号			
变速器各挡位传动比			
★主减速器速比(驱动桥速比)			
★轮胎规格型号			
★综合燃料消耗量(L/100km)			
★50km/h 空载等速燃料消耗量(L/100km)			
检测单位			
联系人		电话	

表E.3 道路运输车辆燃料消耗量达标车型申请表(牵引车)

正前面照片		右前45°照片	
★企业名称(盖章)		通信地址	
★产品名称		《公告》批次("3C"证号)	
★产品型号			
整车参数			
★外形尺寸(长×宽×高)(mm)		★整备质量(kg)	
★牵引座最大允许承载质量(kg)		★准拖挂车总质量(kg)	
驾驶室形式		驾驶室准乘人数	
燃料种类		排放水平	
★驱动形式		各轴轮胎数	
发动机生产企业			
★发动机型号			
发动机额定功率/转速[kW/(r/min)]			
发动机最大扭矩/转速[N·m/(r/min)]			
变速器类型			
★变速器型号			
变速器各挡位传动比			
★主减速器速比(驱动桥速比)			
★轮胎规格型号			
汽车列车参数			
汽车列车总质量(kg)		牵引车满载总质量(kg)	
牵引车满载轴荷(kg)		满载最高车速(km/h)	
★综合燃料消耗量(L/100km)			
★50km/h空载等速燃料消耗量(L/100km)			
检测单位			
联系人		电话	

附件2 道路运输车辆燃料消耗量达标车型变更扩展申请表

表 E.4 道路运输车辆燃料消耗量达标车型变更扩展申请表

企业名称或代理机构		达标车型编号	
产品名称		型号规格	
车型主要技术参数			
	原参数		变更、扩展后参数
商标：			
发动机型号：			
发动机额定功率/转速：			
底盘型号：			
变速器类型：			
变速器速比：			
燃料种类：			
发动机排量：			
发动机生产企业：			
底盘生产企业：			
变速器型号：			
驱动桥(轴)主减速比：			
其他参数：			
更正扩展原因：			

备注：只填写变更扩展的相应项目。

附件3 道路运输车辆燃料消耗量达标车型技术审查表

表E.5 道路运输车辆燃料消耗量达标车型技术审查表

企业名称或代理机构			
产品名称		型号规格	
审查内容	1. 未列入《公告》的或者未获得国家强制性产品认证 2. 技术参数及主要配置与《公告》或"3C"技术参数及检测报告不一致 3. 燃油消耗量不符合标准限值要求 4. 其他		
主审意见	□通过 □不通过　原因： □待定　　原因：	主审人：	日期：
复审结论	□通过 □不通过　原因： □待定　　原因：	复审人：	日期：
核准结论		核准人：	日期：

附件4 道路运输车辆燃料消耗量达标车型专家技术审查记录

表E.6 道路运输车辆燃料消耗量达标车型专家技术审查记录(客车)

核 查 项 目	与《公告》或"3C"技术参数是否一致	与检测报告内的参数是否一致
商标:		
燃料种类:		
申报类型等级:		
外形尺寸(长/宽/高):		
载客人数:		
整备质量:		
最大总质量:		
底盘生产企业:		
底盘型号:		
发动机生产企业:		
发动机型号:		
发动机排量:		
发动机额定功率/转速:		
变速器类型:		
变速器型号:		
变速器速比:		
驱动形式:		
驱动桥(轴)主减速比:		
悬架形式:		
钢板弹簧片数:		
轮胎型号规格:		
排放水平:		

表 E.7 道路运输车辆燃料消耗量达标车型专家技术审查记录(货车)

核查项目	与《公告》或"3C"技术参数是否一致	与检测报告内的参数是否一致
商标:		
燃料种类:		
外形尺寸(长/宽/高):		
货箱类型:		
货箱尺寸或容积:		
整备质量:		
最大总质量:		
牵引车鞍座最大允许承载质量:		
准拖挂车总质量:		
质量利用系数:		
驾驶室形式:		
驾驶室准乘人数:		
自卸车倾卸方式:		
底盘生产企业:		
底盘型号:		
发动机生产企业:		
发动机型号:		
发动机排量:		
发动机额定功率/转速:		
变速器类型:		
变速器型号:		
变速器速比:		
驱动形式:		
驱动桥(轴)主减速比:		
悬架形式:		
钢板弹簧片数:		
轮胎型号规格:		
排放水平:		

附件5　企业申报《道路运输车辆燃料消耗量达标车型表》填写规则

表 E.8　客车申报示例

1	★企业名称或代理机构(全称)	＊＊＊＊(盖章)
2	通信地址	＊＊＊＊
3	★产品名称	大型客车
4	《公告》批次或("3C"证号)	＊＊＊＊
5	★产品型号	＊＊＊＊
6	类型及等级	大型　高二级
7	★外形尺寸(长×宽×高)(mm)	119850×2550×3960
8	★载客人数(含驾驶员)	51
9	燃料种类	柴油
10	排放水平	国Ⅲ
11	★整备质量(kg)	13220
12	★总质量(kg)	17700
13	满载最高车速(km/h)	125
14	满载轴荷(kg)	6200/11500
15	驱动形式	4×2
16	每轴轮胎数	2/4
17	★底盘生产企业(全称)	＊＊＊＊
18	★底盘形式号	＊＊＊
19	★发动机生产企业(全称)	＊＊＊＊
20	★发动机型号	＊＊＊＊
21	发动机排量(mL)	12190
22	发动机额定功率(kW)	260
23	变速器类型	手动(或自动)
24	★变速器型号	＊＊＊＊
25	变速器各挡位传动比(只标前进挡)	1挡7.22/2挡4.42/3挡2.85/4挡1.92/5挡1.30
26	驱动轴(桥)型号	＊＊＊＊
27	★主减速器速比(驱动桥速比)	13.23
28	★轮胎规格型号	295/80R22.5
29	★综合燃料消耗量(L/100km)	26.9
30	★60km/h空载等速燃料消耗量(L/100km)	18.7
31	检测单位	＊＊＊＊

表 E.9 货 车 申 报 示 例

1 ★企业名称或代理机构(全称)	＊＊＊＊(盖章)
2 通信地址	＊＊＊＊
3 ★产品名称	载货汽车(自卸车)
4 《公告》批次(或"3C"证号)	＊＊＊＊
5 ★产品型号	＊＊＊＊
6 ★外形尺寸(长×宽×高)(mm)	10360×2500×3020
7 驾驶室形式	平头、单排(或平头、双排;平头、排半;长头＊)
8 ★货厢栏板内尺寸(长×宽×高)(mm)或容积(m^3)	7792×2364×800(罐式车填写容积)
9 驾驶室准乘人数	2
10 燃料种类	柴油
11 排放水平	国Ⅲ
12 ★整备质量(kg)	11340
13 ★总质量(kg)	23800
14 满载最高车速(km/h)	95
15 满载轴荷(kg)	5900/17900
16 驱动形式	6×4
17 每轴轮胎数	2/4/4
18 底盘生产企业(全称)	＊＊＊＊
19 底盘型号	＊＊＊＊
20 ★发动机生产企业(全称)	＊＊＊＊
21 ★发动机型号	＊＊＊＊
22 发动机排量(mL)	9726
23 发动机额定功率(kW)	206
24 变速器类型	手动
25 ★变速器型号	＊＊＊＊
26 变速器各挡位传动比(只标前进挡)	1挡11.40/2挡7.49/3挡5.63/4挡4.06/5挡2.81/6挡1.96
27 驱动轴(桥)型号	＊＊＊＊
28 ★主减速器速比(驱动桥速比)	4.8
29 ★轮胎规格型号	12.00-20
30 ★综合燃料消耗量(L/100km)	32.3
31 ★60km/h空载等速燃料消耗量(L/100km)	19.8
32 检测单位	＊＊＊＊

表 E.10 牵引车申报示例

1 ★企业名称或代理机构(全称)	＊＊＊＊(盖章)
2 通信地址	＊＊＊＊
3 ★产品名称	牵引汽车
4 《公告》批次(或"3C"证号)	＊＊＊＊
5 ★产品型号	＊＊＊＊
6 ★外形尺寸(长×宽×高)(mm)	10360×2500×3020
7 ★整备质量(kg)	9290
8 ★牵引座最大允许承载质量(kg)	15410
9 ★准拖挂车总质量(kg)	37300
10 驾驶室形式	平头(或长头)
11 驾驶室准乘人数	2
12 燃料种类	柴油
13 排放水平	国Ⅲ
14 ★驱动形式	6×4
15 各轴轮胎数	2/4/4
16 发动机生产企业(全称)	＊＊＊＊
17 ★发动机型号	＊＊＊＊
18 发动机排量(mL)	9726
19 发动机额定功率(kW)	266
20 变速器类型	手动(或自动)
21 ★变速器型号	＊＊＊＊
22 变速器各挡位传动比(只标前进挡)	12.65/8.38/6.22/4.57/3.40/2.46/1.83
23 驱动轴(桥)型号	＊＊＊＊
24 ★主减速器速比(驱动桥速比)	5.263
25 ★轮胎规格型号	12.00-20
汽 车 列 车 参 数	
26 汽车列车总质量(kg)	46590
27 牵引车满载总质量(kg)	24700
28 牵引车满载轴荷(kg)	6900/17800
29 满载最高车速(km/h)	94
30 ★综合燃料消耗量(L/100km)	42.9
31 ★50km/h空载等速燃料消耗量(L/100km)	28.7
32 检测单位	＊＊＊＊

附录 F 道路运输车辆燃料消耗量检测机构管理办法

1 总则

1.1 为规范道路运输车辆燃料消耗量检测机构（以下简称检测机构）的管理工作，确保道路运输车辆燃料消耗量检测工作质量，根据交通运输部《道路运输车辆燃料消耗量检测和监督管理办法》（2009 年第 11 号）和《关于申报道路运输车辆燃料消耗量检测机构的公告》（2009 年第 37 号）的规定，特制定本办法。

1.2 检测机构的管理适用本办法。

1.3 检测机构的管理工作应当遵循公平、公正、公开和便民的原则。

2 工作机构

2.1 交通运输部负责检测机构的统一管理工作。

2.2 交通部汽车运输节能技术服务中心（以下简称节能中心）协助开展检测机构的日常管理工作。

3 申请成为道路运输车辆燃料消耗量检测机构的基本条件

3.1 取得了相应的实验室资质认定（计量认证）和实验室认可证书的检测实验室，并且具备中国国家认证认可监督管理委员会（CNCA）及中国合格评定国家认可委员会（CNAS）正式承认的特定检测能力，该能力应涵盖"汽车"检验产品类别。同时，检测实验室具备依据《营运客车燃料消耗量限值及测量方法》（JT 711）以及《营运货车燃料消耗量限值及测量方法》（JT 719）对车辆燃料消耗量进行技术检验的能力。

3.2 具有实施道路运输车辆燃料消耗量检测工作的检验员、试验车辆驾驶员和技术负责人等专业人员，以及仪器设备管理员、质量负责人等管理人员。

3.3 具有符合道路运输车辆燃料消耗量监测规范要求的大压力、大流量燃油流量计、速度分析仪、车辆称重设备。相关设备通过计量检定或者校准。

3.4 具有符合道路运输车辆燃料消耗量检测规范要求的试验道路。试验道路应当为平直路，用沥青或者混凝土铺装，长度不小于 2 公里，宽度不小于 8m，纵向坡度在 0.1% 以内，且路面清洁、平坦。租用试验道路的，应当持有书面租赁合同和出租方使用证明，租赁期限不得少于 3 年。

3.5 具有健全的道路运输车辆燃料消耗量检测工作管理制度,包括检测质量控制制度、文件资料管理制度、检测人员管理制度、仪器设备管理制度等。

4 申请和评审

4.1 申请的检测机构(以下简称申请人)向节能中心提出申请,节能中心将根据需要分期分批受理申请。申请人应当提出符合《关于申报道路运输车辆燃料消耗量检测机构的公告》(2009 年第 37 号)要求的书面申请,并提供相关证明材料。

4.2 交通运输部组织专家对申请人进行评审,选择符合条件的检测机构从事道路运输车辆燃料消耗量检测业务,并且向社会公布检测机构名单。

4.3 节能中心应当建立道路运输车辆燃料消耗量检测和监督管理评审专家库,并从中抽取专家组成专家评审组。专家评审组由节能中心的专家、汽车产业主管部门委派的专家、有关科研单位和高等院校的专家以及检测机构所在地省级交通运输部门的专家组成,且不得少于 **5** 人。

5 检测机构管理

5.1 经交通运输部批准的检测机构,取得道路运输车辆燃料消耗量检测机构证书后(以下简称证书)方可开展道路运输车辆燃料消耗量检测工作。证书载明机构名称、证书编号、颁发日期、有效期、发证单位。(式样见附件)

5.2 证书有效期为 3 年,检测机构应当在证书有效期届满前 3 个月提出换证评审申请,节能中心将组织专家进行评审。

5.3 自检测机构取得证书之日起(日期以证书为准)18 个月(以自然月计)为一个监督周期,节能中心组织专家依据 11 号令及相关文件对检测机构进行现场评审。

5.4 当检测机构的现场评审结论不合格时,暂停其检测资质,收回其证书并限期整改,整改满足要求后返还证书;仍达不到要求者,或有下列情形之一的,将报请交通运输部将其从公布的检测机构名单中撤除,并予以公示,且在取消资格之日起 6 个月内不得重新申请:

(1)未按照规定程序、技术标准开展检测工作;

(2)伪造检测结论或者出具虚假检测报告;

(3)未经检测就出具检测报告;

(4)违反法律、行政法规的其他行为。

5.5 从公布的检测机构名单中撤除的检测机构,节能中心收回其证书,公布作废并登记归档;无法收回的,证书自行作废。

5.6 节能中心建立检测机构档案,检测机构档案至少包括检测机构基本信息、证书管理信息以及监督检查情况等。

5.7 证书遗失、损毁的,应当到节能中心办理补发手续。

6 检测行为管理

6.1 检测机构应当严格按照规定的程序和相关技术标准的要求开展车辆燃料消耗量检测工作,提供科学、公正、及时、有效的检测服务。

6.2 检测机构不得将道路运输车辆燃料消耗量检测业务委托至第三方。

6.3 检测机构在从事道路运输车辆燃料消耗量检测业务时,应使用经节能中心备案的检测人员及仪器设备。当检测人员、仪器设备发生变更、扩充等情况时,应及时报请节能中心备案。

6.4 检测机构应当如实记录检测结果和车辆核查结果,据实出具统一要求的道路运输车辆燃料消耗量检测报告。在检测报告规定页上应有节能中心授权的监督人员的签字,否则该报告视为无效。

6.5 检测机构应当对所出具的道路运输车辆燃料消耗量检测报告的真实性和准确性负责,并承担相应的法律责任。

6.6 检测机构及其人员应当独立于燃料消耗量检测数据和结果所涉及的利益相关各方,不受任何可能干扰其技术判断的因素的影响,并确保检测结果不受检测机构以外的组织或者人员的影响。

6.7 检测机构应当向节能中心报送每年度(每年12月中旬)开展道路运输车辆燃料消耗量检测工作的总结。检测工作中遇到重大技术问题时应向节能中心汇报,并积极参加相关技术研讨。

7 监督管理

7.1 节能中心不定期派员现场监督检测机构燃料消耗量的检测工作,根据技术审查需要组织专家对车辆燃料消耗量检测结果进行抽查。

7.2 节能中心协助交通运输部做好检测机构的监督检查和抽查工作,落实监督人员以及必要的保障措施,制定监督检查工作计划,组织监督人员具体实施监督检查、抽查以及驻场监督工作。

7.3 检测机构所在地县级以上道路运输管理机构应当落实监督人员,与节能中心共同进行检测机构的专家评审、资格监审、监督检查和抽查以及驻场监督等工作。

7.4 道路运输车辆燃料消耗量检测工作接受社会公众的监督,任何公民、法人或者团体组织等发现检测机构有违规行为,可向节能中心、检测机构所在地县级以上交通运输管理部门以及交通运输部举报。举报形式应为书面材料并属真实姓名和联系方式。

8 附则

8.1 本办法规定的期限以工作日计算,不含法定节假日。
8.2 本办法由节能中心负责解释。
8.3 本办法自   年 月   日起施行。

附件　道路运输车辆燃料消耗量检测机构证书样本

道路运输车辆燃料消耗量检测机构
证　书

机构名称：

证书编号：

颁发日期：　　年　月　日

有效期至：　　年　月　日

发证单位：交通部汽车运输节能技术服务中心

附录 G 道路运输车辆燃料消耗量道路试验检测实施细则

1 总则

1.1 目的

为有效执行 JT 711 和 JT 719 标准,规范道路运输车辆燃料消耗量道路试验检测工作,确保检测结果真实有效,依据《道路运输车辆燃料消耗量检测和监督管理办法》(交通运输部令 2009 年第 11 号),制定本细则。

1.2 适用范围

本细则适用于拟进入道路运输市场从事道路旅客运输、货物运输经营活动,以汽油或柴油为燃料的,总质量为 3500~49000kg 的国产和进口车辆的燃料消耗量道路试验检测。

本细则不适用于城市公共汽车、出租车以及总质量不超过 3500kg 的客车和货车,以及在用营运车辆的燃料消耗量检测。

2 检测主要依据的标准

JT 711　营运客车燃料消耗量限值及测量方法
JT 719　营运货车燃料消耗量限值及测量方法
GB 1589　道路车辆外廓尺寸、轴荷及质量限值
GB/T 12534　汽车道路试验方法通则
GB/T 12545.2　商用车辆燃料消耗量试验方法
GB/T 12673　汽车主要尺寸测量方法
GB/T 12674　汽车质量(重量)参数测定方法

3 主要试验条件

3.1 检测人员

3.1.1 从事道路运输车辆燃料消耗量检测工作的人员(含检验报告授权签字人、驾驶员,下同)应纳入所在检测机构实验室认可管理体系。

3.1.2 检测人员应经过道路运输车辆燃料消耗量检测培训,并考核合格且经所在检测机构正式授权后方可开展相关工作。

3.1.3 检测人员应报交通部汽车运输节能技术服务中心备案。

3.2 仪器设备

3.2.1 检测用主要仪器设备及其精度的要求如下:
——车速测量仪器:精度为0.5%;
——燃油流量计:精度为0.5%;
——计时器:最小分度值为0.1s。

3.2.2 检测用仪器设备的必须经检定或校准合格,且在有效期内使用。

3.2.3 检测用仪器设备的管理应符合所属检测机构实验室认可管理体系的要求。

3.2.4 检测用油耗计、速度仪等仪器设备应报交通部汽车运输节能技术服务中心备案。

3.3 试验道路

3.3.1 试验道路应为平直路,路面应清洁、干燥、平坦,用沥青或混凝土铺装,长度应满足测量需要,纵向坡度在0.1%以内。

3.3.2 试验道路应为专用汽车试验场地,试验场地经交通运输部汽车运输节能技术服务中心认定,有交通部公路交通试验场、襄樊汽车试验场、中国定远汽车试验场、海南汽车试验场、一汽集团农安汽车试验场。

3.4 气象条件

试验时的气象条件应符合以下要求:
a. 无降水、无雾天气;
b. 相对湿度小于95%;
c. 气温0~40℃;
d. 风速不大于3m/s。

3.5 燃油

试验用燃油应符合车辆生产企业及相关国家标准的要求。

3.6 道路运输车辆燃料消耗量检测应接受节能中心委派的监督人员的监督

4 试验程序

4.1 车辆核查

4.1.1 接收试验车辆后首先检查车辆的技术状况,判断车况是否满足核查和试验要求。

4.1.2 试验前应对照 JT 711—2008 附录 a(适用于客车)或 JT 719—2008 附录 a(适用于货车)进行车辆核查。核查项目中的外形尺寸、货箱栏板内尺寸依据 GB 12673 进行检测,总质量、整备质量、满载轴荷须依据 GB 12674 进行检测,其他核查项目依据铭牌、标识、说明书或实际装车部件的结构和形式及数量进行检查并记录实际检查结果。

4.2 试验前的准备

4.2.1 试验车辆应为出厂检验合格的车辆。

4.2.2 试验车辆应按车辆生产企业的规定进行磨合。

4.2.3 试验车辆应清洁,轮胎冷态气压应符合该车技术条件的规定,误差不超过 10kPa,燃料、润滑油(脂)、制动液等应符合 GB/T 12534 及车辆生产企业的规定。

4.2.4 试验车辆可选装斜交轮胎和子午线轮胎时,应装用斜交轮胎进行试验;试验车辆可选装不同尺寸轮胎时,应装用小尺寸轮胎进行试验。

4.2.5 试验车辆应按不同试验项目要求进行装载。装载质量应均匀分布,装载物应固定牢靠,试验过程中不得晃动和颠离;不应因潮湿、散失等条件变化而改变其质量,以保证装载质量的大小、分布不变。加载时应注意人员及仪器设备的安全。汽车列车进行空载试验时应将牵引车与挂车脱挂。

4.2.6 试验仪器的安装与固定应牢靠,燃油管路接头应密封可靠,燃油管路较长时应采取管路固定措施,确保试验安全。试验仪器的连接、安装、用电要求及操作按仪器设备所属检测机构规定的相应操作规程执行。

4.2.7 试验前进行预热行驶,使汽车发动机、传动系及其他部分预热到规定的温度状态。预热行驶后,应考查试验车辆能否满足 JT 711 或 JT 719 标准要求的最高试验车速要求,若试验车辆的最高车速不能达到 JT 711 或 JT 719 标准要求的最高试验车速,则判定为该车不符合道路运输车辆燃料消耗量限值要求,并终止试验。预热行驶时还应对试验仪器进行校验和调整。

4.2.8 试验前、试验中及试验后应测量并记录风向、风速、温度、气压等环境参数,试验后应立即测量并记录试验用燃油的密度。

4.3 等速行驶燃料消耗量试验

4.3.1 试验车辆应在空载和满载两种载荷状态下进行试验。空载和满载试验的顺序以及满载试验中各速度点的试验顺序可根据实际试验情况确定。

4.3.2 试验时应关闭车窗、驾驶室通风口及空调,只允许为驱动车辆所需的设备工作。

4.3.3 试验时车辆挡位的选择

手动变速器车辆应置于最高挡或次高挡,自动变速器车辆应置于前进挡。手动变速器车辆应首选最高挡进行试验,当最高挡不满足较低车速试验条件时,较低车速试验可降为次高挡进行。

4.3.4 试验时车速的选择与控制

满载等速燃料消耗量试验车速见表1。

表1 满载等速燃料消耗量实验车速表

车辆种类		试验车速(km/h)
客车	高级车	50、60、70、80、90、100
	中级、普通级	40、50、60、70、80
货车	自卸汽车(单车)	30、40、50、60、70
	其他货车	40、50、60、70、80

空载等速燃料消耗量试验车速:客车为60km/h;货车为50km/h。

每次试验的平均车速与规定试验车速之差不超过2km/h,瞬时车速与规定车速之差不超过3km/h。

4.3.5 试验数据的采集

试验车辆按规定车速稳定行驶至少100m后,等速通过不少于500m的试验道路,记录通过该路段的时间、距离和燃料消耗量。

在每个试验车速下,至少往返各进行两次试验。试验数据按4.4条进行重复性检验判定,当重复性检验 $\Delta Q_{max} > R$ 时,应增加试验次数(往返各1~2次),直至重复性检验 $\Delta Q_{max} < R$。若增加试验次数后重复性检验仍无法满足要求,应暂停试验查找原因。

4.4 试验数据的重复性检验

等速行驶燃料消耗量试验数据应进行重复性检验。重复性检验判定的依据为:

当 $\Delta Q_{max} < R$ 时,认为试验数据的重复性好,不必增加试验次数;

当 $\Delta Q_{\max} > R$ 时,认为试验数据的重复性不好,应增加试验次数。
其中:

$\Delta Q_{\max}$——每项试验时,n 次试验数据中最大燃料消耗量值与最小燃料消耗量值之差,单位为 L/100km;

R——第 95 百分位分布的标准差,R 与试验重复次数 n 的关系见表2。

表2　R 和 n 关系表

n	2	3	4	5	6
R(L/100km)	$0.053\overline{Q}$	$0.063\overline{Q}$	$0.069\overline{Q}$	$0.073\overline{Q}$	$0.085\overline{Q}$

注:$\overline{Q}$ 为每项试验时,n 次试验所测得燃料消耗量的算术平均值 L/100km(单位)。

5 试验数据处理

5.1 车辆核查数据

核查项目中的外形尺寸、货箱栏板内尺寸依据 GB 12673 的要求进行数据处理,总质量、整备质量、满载轴荷依据 GB 12674 的要求进行数据处理,其他核查项目记录实际核查数据。车辆核查结果应在检验报告中注明。

5.2 燃料消耗量试验数据

5.2.1 取同一车速下经重复性检验且符合要求的燃料消耗量试验结果的算术平均值作为该车速下的等速燃料消耗量测定值,并按 5.2.2 规定的方法校正到标准状态下的燃料消耗量值。

5.2.2 燃料消耗量测定值校正

标准状态为:气温:20℃;气压:100kPa;汽油密度:0.742g/mL;柴油密度:0.830g/mL。

校正公式:

$$\overline{Q}_0 = \frac{\overline{Q}}{C_1 \cdot C_2 \cdot C_3}$$

式中:$\overline{Q}_0$——校正后的燃料消耗量,L/100km;

$\overline{Q}$——实测燃料消耗量的平均值,L/100km;

C_1——环境温度校正系数,$C_1 = 1 + 0.0025(20 - T)$;

C_2——大气压力校正系数,$C_2 = 1 + 0.0021(P - 100)$;

C_3——燃料密度的校正系数,

$$C_3 = 1 + 0.8(0.742 - G_s) \cdots\cdots\cdots (汽油机),$$
$$C_3 = 1 + 0.8(0.830 - G_d) \cdots\cdots\cdots (柴油机);$$

T——试验时的环境温度,℃;

P——试验时的大气压力,kPa;

G_s——试验时的汽油平均密度,g/mL;

G_d——试验时的柴油平均密度,g/mL。

当试验环境温度为 0~5℃时,采用 5℃的温度校正系数,当试验环境温度为 35~40℃时,采用 35℃的温度校正系数。

5.2.3 综合燃料消耗量的计算

综合燃料消耗量的计算公式为:

$$Q = \sum_{i}^{n}(\overline{Q_i} \times k_i)$$

式中:Q——综合燃料消耗量(取值按 GB/T 8170 修约至小数点后一位),L/100km;

$\overline{Q_i}$——在第 i 个车速下经校正后的燃料消耗量,L/100km;

k_i——在第 i 个车速下的燃料消耗量权重系数,见表3、表4。

表3 客车燃料消耗量权重系数 k_i

车速(km/h)		40	50	60	70	80	90	100
特大型	高级	—	0.03	0.02	0.02	0.02	0.55	0.18
	中级及普通级	0.05	0.10	0.25	0.30	0.30	—	—
大型	高级	—	0.01	0.02	0.02	0.15	0.55	0.25
	中级及普通级	0.05	0.10	0.25	0.30	0.30	—	—
中型	高级		0.05	0.05	0.05	0.20	0.60	0.05
	中级及普通级	0.05	0.10	0.30	0.30	0.25		
小型	高级		0.02	0.04	0.04	0.30	0.30	0.30
	中级及普通级	0.05	0.10	0.30	0.30	0.25		

表4 货车燃料消耗量权重系数 k_i

车速(km/h)	30	40	50	60	70	80
汽车(单车)	—	0.05	0.05	0.10	0.20	0.60
自卸汽车(单车)	0.05	0.10	0.25	0.30	0.30	
半挂汽车列车	—	0.05	0.10	0.10	0.50	0.25

6 检验结果的判定

6.1 车辆核查结果的判定

试验车辆的外形尺寸、总质量、整备质量、满载轴荷等参数应符合 GB 1589 的规定,不符合要求的,可判定为不符合道路运输车辆燃料消耗量限值要求,并终止试验。

6.2 燃料消耗量检验结果的判定

6.2.1 试验车辆的综合燃料消耗量作为燃料消耗量检验结果的判定指标。

6.2.2 柴油客车应对照 JT 711—2008 中表 2 给定的限值进行比较,综合燃料消耗量不大于相应限值时,判定为合格。汽油客车的燃料消耗量限值为相应车长柴油客车限值的 1.15 倍(取值按 GB/T 8170 修约至小数点后一位)。

6.2.3 柴油货车应对照 JT 719—2008 中表 2～表 4 给定的限值进行比较,综合燃料消耗量不大于相应限值时,判定为合格。汽油货车的燃料消耗量限值为相应总质量柴油货车限值的 1.15 倍(取值按 GB/T 8170 修约至小数点后一位)。

6.2.4 客车空载 60km/h 等速燃料消耗量与货车空载 50km/h 等速燃料消耗量作为在用营运车辆燃料经济性评价的参比值。

7 检验报告与原始数据记录

7.1 检验报告及主要原始数据应按照统一格式和要求编制、填写,检验报告的式样、编制说明以及主要原始数据记录表式样分别见附录 a～附录 c。

7.2 每辆试验车辆应至少出具一式三份检验报告。

7.3 检验报告、原始数据记录表以及原始数据纸带(或电子文档)应建档保存,保存期应不少于 4 年。

8 附则

8.1 本细则自发布之日起生效,道路运输车辆燃料消耗量检测机构遵照执行。

8.2 本细则未尽事宜,各道路运输车辆燃料消耗量检测机构按本单位内部管理制度执行。

8.3 本细则由交通运输部汽车运输节能技术服务中心负责解释。

(以下内容:附录要和网上申报一致)

附录 a 检验报告式样

Ⅰ.营运客车燃料消耗量检验报告式样

编号：

检 验 报 告

（式样）

营运客车燃料消耗量

样品名称：_____

型号规格：_____

委托单位：_____

检验类别：_____

检 验 单 位

说　　明

1. 本报告用于道路运输车辆燃料消耗量准入审查。
2. 本检验单位对出具的检验结果负责。
3. 检验报告必须有检验单位、计量检定和实验室认可印章，否则无效。
4. 检验报告无主检、审核、批准人签字无效。
5. 检验报告涂改无效。
6. 检验报告部分复制无效，检验报告复制未加盖检验单位印章无效。
7. 对检验报告若有异议，应在收到检验报告之日起 10 日内向检验单位提出，逾期不予受理。
8. 检验仅对样品负责。

检验单位：

地址：

电话：

传真：

邮政编码：

委托单位：

地址：

电话：

邮政编码：

检验结论如表 G.1 所示。

表 G.1 检 验 结 论

样品名称	*	商 标	*
型号规格	*	生产单位	*
样品等级	合格品	生产日期	*
燃料种类/标号	*/*	检验类别	*
委托单位	*	送样日期	*
样品数量	1	送样者	*
检验依据	JT 711—2008《营运客车燃料消耗量限值及测量方法》	检验项目	营运客车燃料消耗量
检验结论	经检验,《商标》牌《型号规格》型《样品名称》样车的综合燃料消耗量为: * L/100km,《符合/不符合》JT 711—2008 对该类客车燃料消耗量限值(第 * 阶段)的要求。样车在 * 挡空载状况下 60km/h 等速行驶的燃料消耗量校正值为: * L/100km 检验单位印章 签发日期:*		
备注	1.样车里程表读数:*; 2.变速器类型及检验时手动变速器的挡位:*/*; 3.燃油密度(g/cm³)和燃料消耗量校正系数:*/*; 4.其他需要说明的内容:*		

批准:*　　　　　　审核:*　　　　　　主检:*
监督员:*　　　　　　日期:*

一、检验结果

1. 满载等速行驶燃料消耗量检验结果(表 G.2)

表 G.2

检验项目	限值	检 验 结 果								符合性判定
营运客车综合燃料消耗量	*L/100km (第*阶段)	车速 km/h	40	50	60	70	80	90	100	《符合/不符合》(第*阶段)
		油耗校正值 L/100km	*	*	*	*	*	*	*	
		综合燃料消耗量 L/100km	*							

2. 空载等速行驶燃料消耗量检验结果

样车在 * 挡 60km/h 等速行驶的燃料消耗量校正值为:*L/100km。

3. 等速行驶燃料消耗量检验原始数据见表 G.3。

表 G.3 等速行驶燃料消耗量检验原始数据

行驶方向	挡位	车速 (km/h)	实际车速 (km/h)	距离 (m)	时间 (t)	燃料消耗量测量值 (mL)	燃料消耗量平均值 (L/100km)	燃料消耗量修正值 (L/100km)
满 载								
往								
返								
往								
返								
往								
返								
往								
返								
往								
返								
往								
返								
往								
返								
往								
返								
往								
返								

续上表

行驶方向	挡位	车速 (km/h)	实际车速 (km/h)	距离 (m)	时间 (t)	燃料消耗量 测量值 (mL)	燃料消耗量 平均值 (L/100km)	燃料消耗量 修正值 (L/100km)
往								
返								
往								
返								
往								
返								
空 载								
往								
返								
往								
返								
综合燃料消耗量(L/100km):								
空载____挡等速行驶燃料消耗量修正值(L/100km):								
燃料消耗量修正系数 C = C_1 = _____ C_2 = _____ C_3 = _____								

4. 样品参数及核查结果见表 G.4。

表 G.4 样品参数及核查结果

车辆识别代码(VIN)		*	发动机型号	*
排放水平		*	发动机额定功率(kW)	*
载客人数		*	发动机排量(mL)	*
最高车速(km/h)		*	发动机生产企业	*
外形尺寸(mm)	长	*	底盘型号	*
	宽	*	底盘 ID 号	*
	高	*	底盘生产企业	*
整备质量及轴荷 (kg)	轴荷	1/2/3 轴:*/*/*	驱动方式	*
	总质量	*	驱动形式	*
最大总质量及轴荷 (kg)	轴荷	1/2/3 轴:*/*/*	悬架形式	*
	总质量	*	钢板弹簧片数	*
轮胎	型号	*	变速器型号	*
	气压(kPa)	1/2/3 轴:*/*/*	变速器各挡传动比	*
	数量	1/2/3 轴:*/*/*	主减速器速比(驱动桥速比)	*

二、检验时间、地点、气象

日期:*。

地点:*。

天气:*;气温:*℃;气压:*kPa;风速:*m/s。

三、检验用仪器设备(表 G.5)

表 G.5　检验用仪器设备

仪器设备名称	编　号	型号规格	计量检定有效期限

四、样车检验照片

[样车左前45°照片,包含样车、路面、仪器、检验人员信息]

II. 营运货车燃料消耗量检验报告式样

编号：

检 验 报 告

营运货车燃料消耗量

样品名称：＿＿＿＿＿＿＿＿＿＿＿＿＿＿＿＿＿＿＿

型号规格：＿＿＿＿＿＿＿＿＿＿＿＿＿＿＿＿＿＿＿

委托单位：＿＿＿＿＿＿＿＿＿＿＿＿＿＿＿＿＿＿＿

检验类别：＿＿＿＿＿＿＿＿＿＿＿＿＿＿＿＿＿＿＿

检 验 单 位

说　明

1. 本报告用于道路运输车辆燃料消耗量准入审查。
2. 本检验单位对出具的检验结果负责。
3. 检验报告必须有检验单位印章，否则无效。
4. 检验报告无主检、审核、批准人签字无效。
5. 检验报告涂改无效。
6. 检验报告部分复制无效，检验报告复制未加盖检验单位印章无效。
7. 对检验报告若有异议，应在收到检验报告之日起10日内向检验单位提出，逾期不予受理。
8. 检验仅对样品负责。

检验单位：
地　址：
电　话：
传　真：
邮政编码：

委托单位：
地　址：
电　话：
邮政编码：

检验结论如表 G.6 所示。

表 G.6 检 验 结 论

样品名称	*	型号规格	*
商标	*	生产单位	*
样品等级	合格品	生产日期	*
燃油种类/标号	*/*	检验类别	*
委托单位	*	送样日期	*
样品数量	1	送样者	*
检验依据	JT 719—2008《营运货车燃料消耗量限值及测量方法》	检验项目	营运货车燃料消耗量
检验结论	经检验,《商标》牌《型号规格》型《样品名称》样车的综合燃料消耗量为: * L/100km,《符合/不符合》JT 719—2008 对该类货车燃料消耗量限值(第 * 阶段)的要求。样车在 * 挡空载 50km/h 等速行驶的燃料消耗量校正值为: * L/100km 检验单位印章 签发日期: *			
备注	1. 样车里程表读数: *; 2. 变速器类型及检验时手动变速器的挡位: */*; 3. 燃油密度(g/cm³)和燃料消耗量校正系数: */*; 4. 其他需要说明的内容: *;			

批准: * 　　　　　审核: * 　　　　　主检: *

监督员: * 　　　　　日期: *

一、检验结果

1. 满载等速行驶燃料消耗量检验结果(表 G.7)

表 G.7 满载等速行驶燃料消耗量检验结果

检验项目	限值	检验结果							符合性判定
营运货车综合燃料消耗量	*L/100km	车速 km/h	30	40	50	60	70	80	《符合/不符合》(第*阶段)
		油耗校正值 L/100km	*	*	*	*	*	*	
		综合燃料消耗量 L/100km			*				

2. 空载等速行驶燃料消耗量检验结果

样车在*挡50km/h等速行驶的燃料消耗量校正值为：*L/100km。

3. 等速行驶燃料消耗量检验原始数据(表 G.8)。

表 G.8 等速行驶燃料消耗量检验原始数据

行驶方向	挡位	车速 (km/h)	实际车速 (km/h)	距离 (m)	时间 (t)	燃料消耗量测量值 (mL)	燃料消耗量平均值 (L/100km)	燃料消耗量修正值 (L/100km)
满 载								
往								
返								
往								
返								
往								
返								
往								
返								
往								
返								
往								
返								
往								
返								
往								
返								
往								
返								

续上表

行驶方向	挡位	车速 (km/h)	实际车速 (km/h)	距离 (m)	时间 (t)	燃料消耗量 测量值 (mL)	燃料消耗量 平均值 (L/100km)	燃料消耗量 修正值 (L/100km)
往								
返								
往								
返								
往								
返								
空　　载								
往								
返								
往								
返								

综合燃料消耗量(L/100km)：

空载____挡等速行驶燃料消耗量修正值(L/100km)：

燃料消耗量修正系数 C =

C_1 = ＿＿＿＿＿＿＿ C_2 = ＿＿＿＿＿＿＿ C_3 = ＿＿＿＿＿＿＿

4. 样品参数及核查结果见表 G.9。

表 G.9　样品参数及核查结果

车辆识别代码(VIN)		*	发动机型号	*
排放水平		*	发动机额定功率(kW)	*
最高车速(km/h)		*	发动机排量(mL)	*
外形尺寸 (mm)	长	*	发动机生产企业	*
	宽	*	底盘型号	*
	高	*	底盘 ID 号	*
整备质量及轴荷 (kg)	轴荷	1/2/3/4 轴：*/*/*/*	底盘生产企业	*
	总质量	*	驱动方式	*
最大总质量及轴荷 (kg)	轴荷	1/2/3/4 轴：*/*/*/*	驱动形式	*
	总质量	*	悬架形式	*
载质量利用系数		*	钢板弹簧片数	*
轮胎	型号	*	变速器型号	*
	气压(kPa)	1/2/3/4 轴：*/*/*/*	变速器各挡传动比	*
	数量	1/2/3/4 轴：*/*/*/*	主减速器速比(驱动桥速比)	*

续上表

车辆识别代码(VIN)	*	发动机型号	*
驾驶室类型	*	驾驶室准乘人数	*
货箱类型	*	货箱内部尺寸或容积（mm 或 m³）	长×宽×高：*×*×* 或 *
自卸车倾卸方式	*	准拖挂车总质量[a]（kg）	*
牵引车鞍座最大允许承载质量[a](kg)		*	

二、检验时间、地点及气象条件

日期：*。

地点：*。

天气：*;气温：*;气压：*;风速：*m/s。

三、检验用仪器设备(表 G.10)

表 G.10　检验用仪器设备

仪器设备名称	编　号	型 号 规 格	计量检定有效期限

四、样车检验照片

[样车左前45°照片,包含样车、路面、仪器、检验人员信息]

附录 H 道路运输车辆燃料消耗量达标车型变更和视同判定方法

1 目的

为规范、公正、科学地开展道路运输车辆燃料消耗量试验检测、申报和技术审查工作,特制定本方法。

2 依据文件

2.1 交通运输部 2009 年第 11 号令《道路运输车辆燃料消耗量检测和监督管理办法》

2.2 JT 711 《营运客车燃料消耗量限值及测量方法》

2.3 JT 719 《营运货车燃料消耗量限值及测量方法》

2.4 GB/T 17350 《专用汽车和专用挂车术语代号和编制方法》

3 适用范围

本方法适用于拟进入道路运输市场从事道路旅客运输、货物运输经营活动,以汽油或者柴油为单一燃料,总质量超过 3500 千克的国产和进口车辆。不适用于下列车辆类型:

——低速货车;

——专用校车;

——城市公共汽车;

——出租车;

——全轮驱动车辆;

——专项作业类车或工程用车;

——其他:无法满足空载和满载试验条件的车辆。

4 术语和定义

4.1 代表车型

车辆生产企业已进行油耗检测,并进入达标车型表的车型,其他车型相对其为"变更车型"或"视同车型"。

4.2 变更车型

符合交通运输部第 11 号令"第二十一条"规定的相关车型。

即已列入《达标车型表》的同一型号车型发生了产品配置或技术参数的变化,进行扩展、变更的车型。

4.3 视同车型

符合交通运输部第 11 号令"第二十二条"规定的相关车型。

即同一生产企业申报的车型,其燃料消耗量不大于代表车型的燃料消耗量值。

5 变更车型判定方法

5.1 变更的判定要求

5.1.1 车长、车宽或者车高超过原参数值1%;

5.1.2 整车整备质量超过原参数值3%;

5.1.3 车辆的驱动形式或底盘的动力配置发生变化,装配不同的发动机、变速器或主减速器三者中的任一动力总成;

5.1.4 变速器最高挡或次高挡速比,主减速器速比发生变化;

5.1.5 子午线轮胎变为斜交胎、轮胎横断面增加或者轮胎尺寸变小,不同规格的轮胎"允许使用轮辋"不同。

5.2 变更处理办法:同一型号车辆符合5.1款要求之一,变更的配置或参数会引起了燃料消耗量变化,需要重新申请并进行油耗试验,出具相应的燃料消耗量检验报告。

6 视同车型判定方法

6.1 视同车型基本要求

6.1.1 视同车型基本条件

指对同一个车辆生产企业(集团)申报的车型,其车辆驱动形式和底盘各主要总成(发动机、变速器、驱动桥、轮胎等)的型号等不变,总质量最大,整车外形尺寸减小或增加不超过代表车型的 1%,整车整备质量减小或增加不超过代表车型的3%,以下简称"基本条件"。

6.1.2 "基本条件"相同,所发生的局部变化基本不引起油耗的改变(如车灯、前脸布置、驾驶室窗户形式等发生变化)。

6.1.3 "基本条件"中只是换装了变速器,其他均相同,而所换装的变速器最高挡和次高挡的速比与代表车型相同。

6.2 客车视同车型

6.2.1 同一型号的客车,"基本条件"相同,代表车型的载客人数应按最大载客人数进行油耗试验和申报,载客人数减少不需再进行申报。

6.2.2 同一型号的客车,"基本条件"相同,以空调配置的车型作为代表车型,未配置空调的车型不需再进行申报。

6.2.3 不同型号的客车,"基本条件"相同,只有悬架形式、载客人数、内饰和内部配置等不同,申报不同等级的客车,以中级车做一次油耗试验(要覆盖2个级别的7个试验速度点),按标准选取不同的速度点分别出具两份检验报告,填报两个不同型号的达标车型申请以及高级车的视同车型申请。

6.2.4 不同型号的客车或卧铺客车,底盘各总成、外形尺寸、总质量等均相同,以客车作为代表车型,卧铺客车按视同车型判定。

6.3 货车视同车型

6.3.1 同一型号的货车,"基本条件"相同,若驾驶室高度(高顶、半高顶、平顶)不同时,以高顶驾驶室车型作为代表车型,其他驾驶室车型不需再进行申报。

6.3.2 "基本条件"相同,若驾驶室型式(单排、双排或单排带卧铺)发生变化时,以最大总质量的车型作为代表车型,其他驾驶室形式的车型按视同车型判定。

6.3.3 "基本条件"相同的冷藏车、保温车,以冷藏车为代表车型,保温车按视同车型判定。

6.3.4 "基本条件"相同,"上装"(栏板、厢式、仓栅、蓬式、罐式、畜禽、邮政、平板、随车起重等)不同时,以"上装"迎风面积(车辆的高度×宽度)最大的车型作为代表车型,其他车型按视同车型判定。

6.4 视同车型处理程序

视同车型中除了明确不需再进行申报的车型外,其他视同车型不再进行油耗试验,但必须要有相应的试验样车,由交通运输部认定的检验机构进行车辆技术参数及配置的现场核查,出具燃料消耗量检验视同报告。

6.5 视同车型申报

申报道路运输车辆燃料消耗量视同车型申请时须提交如下材料:

(1)《达标车型申请表》;

(2)《燃料消耗量达标车型视同申请表》(见附件1);

(3)产品《公告》技术参数页(含底盘参数页)或国家"3C"认证的车辆一致性证书复印件;

(4)视同车型样车核查表;

(5)视同车型的燃料消耗量检验视同报告；

(6)代表车型的燃料消耗量检验报告复印件。

7 交通运输部汽车运输节能技术服务中心根据车辆生产企业的申报材料，对燃料消耗量达标车型变更以及视同车型进行技术审查。

8 本方法由交通运输部汽车节能技术服务中心制定并负责解释，自2011年2月1日起试行。

附件 燃料消耗量达标车型视同申请表

表 H.1 燃料消耗量达标车型视同申请表

代表车型 正前面和右前45°照片		视同车型 正前面和右前45°照片	
企业名称(盖章)		产品名称	
代表车型型号		视同车型型号	
代表车型公告批次及编号			
车型主要技术参数或配置			
变更项目	代表车型		视同车型
检验报告编号			
外形尺寸(长×宽×高)(mm)			
货厢尺寸(长×宽×高)(mm)或容积(m^3)			
整备质量(kg)			
总质量(kg)			
客车申报的等级			
载客人数(含驾驶员)			
发动机生产企业			
发动机型号			
发动机额定功率/转速[kW(r/min)]			
底盘生产企业			
底盘型号			
驱动形式			
变速器型号			
变速器各挡位传动比			
主减速器速比(驱动桥速比)			
悬架形式			
轮胎规格型号			
综合油耗/空载油耗(L/100km)			
其他			
视同原因			

备注:视同车型只填写变化的相应项目,没有改变的项目用"/"表示。

参 考 文 献

[1] 安锋.世界各国乘用车燃油经济性及温室气体排放标准对比[R].北京:the Pew Center on Global Climate Change,2004.
[2] 王兆.中国汽车燃料经济性标准体系及标准化工作动态[R].北京:中国标准化,2002(7).
[3] 张学利,刘富佳.汽车燃油经济性检测[M].北京:人民交通出版社,2010.
[4] 杜传进,余柳燕.国内外汽车燃油经济性的评价方法[J].北京:北京汽车,2007(6).
[5] 蔡凤田.公路交通运输领域节能减排对策[J].天津:交通环保,2008.
[6] 蔡凤田.公路运输能源消耗现状及其节能降耗对策[J].上海:交通节能与环保,2006.
[7] 余志生.汽车理论[M].北京:机械工业出版社,2009.
[8] 蔡团结,等.客车燃油消耗计算模型的构建及验证[J].北京:公路交通科技,2009(9).
[9] 李永福,刘莉,王维.《营运货车燃料消耗量限值及测量方法》标准解析[J].北京:物流技术与应用(货运车辆),2008(4).
[10] 高有山,李光虎.汽车滑行阻力分析[J].长春:汽车技术,2008(5).
[11] 王维,刘莉,李永福.《营运货车燃料消耗量限值及测量方法》标准研究[J].北京:交通标准化,2009(2/3).
[12] 韩国庆,蔡凤田,董金松.载货汽车运行燃料消耗量计算方法研究[J].北京:公路交通科技,2009(9).
[13] 王新宇.中国M1类乘用车产品型式认证手册[M].北京:机械工业出版社,2010.